UN AN A ALGER

EXCURSIONS ET SOUVENIRS

PAR

M.-J. BAUDEL

Illustrations de FROMENTIN, GUILLAUME, GÉRARD, etc.

PARIS

LIBRAIRIE CH. DELAGRAVE

15, RUE SOUFFLOT, 15

UN AN A ALGER

SOCIÉTÉ ANONYME D'IMPRIMERIE DE VILLEFRANCHE-DE-ROUERGUE
Jules BARDOUX, Directeur.

Mauresque.

UN AN A ALGER

EXCURSIONS ET SOUVENIRS

PAR

M.-J. BAUDEL

Illustrations de FROMENTIN, GUILLAUME, GÉRARD, etc.

PARIS
LIBRAIRIE CH. DELAGRAVE
15, RUE SOUFFLOT, 15

1887

A L'ALGÉRIE

1887.

Maghreb aux frais vallons, aux pics nus et sauvages,
Pays fier du passé, certain de l'avenir,
Des mois que j'ai coulés sur tes tièdes rivages
Mon cœur avec amour garde le souvenir.

J'aime tes flots d'azur et ton ciel sans nuages,
Tes dômes, que le temps n'a pas osé ternir,
Tes bosquets parfumés et tes riantes plages,
Qui savent attirer et savent retenir.

J'aime ta Mitidja, si belle et si prospère,
J'aime de ton soleil l'éclatante lumière,
J'aime de tes sommets l'horizon infini,

Alger, et quand, après une pénible attente,
Sur tes bords de nouveau j'irai planter ma tente,
Ce jour entre mes jours sera doux et béni.

UN AN A ALGER

EXCURSIONS ET SOUVENIRS

I

LE DÉPART

J'ai toujours aimé les voyages. C'est un sûr moyen de s'instruire, et aujourd'hui plus que jamais, avec les chemins de fer et les bateaux à vapeur, l'homme peut beaucoup voir, et par suite beaucoup retenir.

C'est aussi une question de tempérament. Tel restera toute sa vie enfermé dans sa petite ville, comme un rat dans un fromage de Hollande, et trouvera que rien n'est plus doux que cette tranquillité et cette existence bornée dans ses désirs comme dans ses limites. Tel autre aimera au contraire à parcourir, sinon le monde, — *non licet omnibus adire Corinthum*, — du moins sa province, son pays, et, si faire se peut, quelques contrées étrangères.

Je me range dans cette dernière catégorie.

Par goût et par nécessité, j'ai sillonné la France à peu près dans tous les sens; j'ai vu l'Italie, j'ai poussé une pointe en Belgique, je garderai longtemps le regret de n'avoir aperçu l'Angleterre que des falaises de Boulogne ou du phare de Calais, et je caressais depuis longtemps le désir secret de visiter cet Orient qui n'apparaît à nos imaginations que dans un nimbe d'or et de lumière, et dont les peintres et les poètes nous ont révélé les aspects et décrit les enchantements.

Aussi, quand on m'a proposé d'aller remplir en Algérie de modestes fonctions, ai-je accepté avec un empressement et un enthousiasme qui ont presque étonné mes chefs.

C'est que, pour beaucoup de personnes encore, l'Algérie c'est l'exil. Les souvenirs de Lambessa hantent pas mal de cerveaux, et on ne serait pas éloigné de considérer le fonctionnaire ou le colon algérien comme de malheureux déportés. Peut-on à ce point oublier qu'Alger est à trente heures de Marseille, et à vingt-huit de Port-Vendres?

Sans doute, ce n'est pas l'Orient de mes rêves, ce n'est pas la terre lointaine et mystérieuse si bien entrevue et décrite par les Chateaubriand, les Lamartine, les Théophile Gautier, les Gérard de Nerval; mais c'est le même climat, le même soleil, la même lumière; ce sont les mêmes vastes horizons et les mêmes habitants. Entre l'Arabe de l'Hedjaz ou de l'Yémen et l'Arabe du Sahara, il n'y a aucune différence. Tous deux ont conservé intact, avec le majestueux costume des patriarches, le dépôt des traditions de famille et de tribu, et ils garderont longtemps encore, malgré nos efforts civilisateurs, avec leurs mœurs et leurs coutumes, leur fanatisme intolérant et leurs antiques préjugés.

En outre, l'Algérie, c'est la France nouvelle.

Ici, sur cette terre fécondée depuis plus de cinquante ans par le sang de nos soldats et les sueurs de nos colons, on est en Orient sans s'expatrier. Les cris gutturaux des indigènes, leurs grands burnous flottants, vous empêchent d'oublier que vous n'êtes plus en Europe; mais les enseignes des magasins, les conversations des promeneurs, les uniformes des soldats et le drapeau tricolore qui flotte sur tous les édifices, vous rappellent que vous foulez aux pieds une terre française. Et c'est avec un légitime sentiment d'orgueil qu'on admire, à peine débarqué, les transformations opérées et les progrès accomplis dans ce pays qu'on appelait avec raison, au commencement de ce siècle, la côte barbaresque, et dont tous les ports n'étaient que des repaires de pirates et d'écumeurs de mer.

Mais je m'aperçois que je m'égare.

Procédons par ordre. Avant de parler de l'Algérie, il faut bien dire comment on y arrive, et raconter cette odyssée qui, pour être moins longue que celle du fameux roi d'Ithaque, est cependant quelquefois signalée par de nombreuses péripéties.

Jadis, avec les bâtiments à voiles, si la traversée était contrariée par le calme ou le vent debout, elle durait jusqu'à douze ou quinze jours. Aujourd'hui, ce n'est plus rien, du moins comme durée. L'important est de bien choisir son bateau.

Trois grandes Compagnies font le service : la Compagnie Transatlantique, qui transporte les dépêches et reçoit la subvention de l'État, les Messageries maritimes et la Compagnie Touache. Seules, les deux premières ont des bateaux à grande vitesse. C'est donc à elles qu'il faut s'adresser. On le peut avec pleine confiance.

Sur tous leurs paquebots, sans exception, vous trouvez un accueil cordial et des soins intelligents. Les officiers sont des gens du monde, et conservent ces traditions d'exquise politesse dont se vante à bon droit la marine française. Sur la foi de quelques romans ou de quelques caricatures, on se représente souvent nos officiers de vaisseau comme des loups de mer, brutaux et emportés, ayant toujours la pipe à la bouche, sacrant et jurant à tout propos. Erreur profonde, et sur laquelle il serait de mauvais goût d'insister plus longtemps.

Ce n'est pas tout que de choisir le bateau ; il faut encore s'y loger, et savoir trouver, si on arrive à temps, une cabine qui soit le plus possible au centre du navire, et où se fassent moins sentir le tangage et le roulis.

En ma qualité de fonctionnaire, ayant droit au passage, c'est à la Compagnie subventionnée par l'État que j'ai dû m'adresser. Après de longues courses du commissariat du Gouvernement aux bureaux de la Compagnie, je finis par me caser à ma convenance. Il ne restait plus qu'à faire porter mes bagages à bord du *Saint-Augustin*. C'est le nom du paquebot qui devait nous emporter vers la terre du soleil.

Toutes les fois qu'on doit prendre la mer (je ne parle ici, bien entendu, que des marins novices comme moi), on se demande avec anxiété si le vent sera modéré et la vague clémente. On consulte le baromètre, on va sur la jetée, on cherche à entendre les réflexions des vieux matelots ; quelquefois même, pour s'aguerrir et pour éprouver son estomac, on fait une courte promenade sur une de ces embarcations de plaisance qui pullulent dans le port de Marseille.

Le jour de notre départ, le ciel était sombre ; le vent, ce terrible mistral de Provence, commençait à souffler, et du môle de la Joliette on voyait les flots se heurter et se couvrir de blanche écume. L'aspect de la mer n'était pas rassurant, et ma jeune famille, qui, en fait de traversées, n'avait encore navigué qu'autour du château d'If, commençait à s'inquiéter. Je faisais bonne contenance et riais de ces frayeurs, mais je me demandais intérieurement comment nous allions supporter ces tortures atroces qu'on appelle le mal de mer.

Vers trois heures du soir arrive une éclaircie. Le soleil brille, les vagues semblent s'apaiser, l'espérance renaît dans nos cœurs. Un vieux marin que je connais et que je consulte me répond par cette phrase énigmatique : « La mer n'est pas mauvaise, mais il y aura de la houle. »

Grâce au soleil, qui continue à se montrer, nous attendons sans trop de crainte le moment du départ. Nos bagages sont à bord. Il est cinq heures, nos amis nous accompagnent, et nous montons sur le *Saint-Augustin*.

C'est un magnifique navire, de plus de mille tonneaux, parfaitement aménagé et qui, nous dit-on, se conduit admirablement à la mer. Le capitaine, aussi galant homme que marin expérimenté, nous accueille de son mieux et nous fait conduire dans nos cabines, que nous quittons bientôt pour remonter sur le pont. Les passagers arrivent en foule, escortés de parents et d'intimes ; les officiers donnent des ordres, les matelots descendent les marchandises dans la cale, les treuils grincent, la vapeur siffle, et de la cheminée peinte en rouge s'échappe une noire fumée. Il y a sur le vaisseau un mouvement incroyable ; on dirait une petite ville.

Tout à coup la cloche sonne. C'est le moment des adieux, moment triste et cruel pour ceux qui, comme nous, sèment un peu de leur cœur sur toutes les routes et voient souvent s'interrompre, à peine commencées, de douces et chères relations. On se serre la main, on s'embrasse en se promettant de s'écrire et en se disant au revoir. La voix se voile, les yeux se remplissent de larmes, on se sépare enfin après une dernière et chaleureuse étreinte.

La passerelle qui nous reliait à la terre est levée, le capitaine se rend à son poste, on lâche les amarres, et le navire se met en mouvement.

De tous côtés les chapeaux et les mouchoirs s'agitent en signe d'adieu. Nous partons, et, marchant vers l'inconnu, nous nous demandons avec tristesse si nous retrouverons au retour toutes ces mains loyales et amies qui saluent notre départ. Et reportant notre pensée sur nous-mêmes et sur les dangers inséparables de toute traversée, si courte qu'elle soit, après avoir jeté un dernier regard sur la foule sympathique qui accompagne de ses vœux notre navire, nous contemplons la mer immense, et les beaux vers du poète nous reviennent à l'esprit :

> Oh! combien de marins, combien de capitaines
> Qui sont partis joyeux pour des courses lointaines,
> Dans ce morne horizon se sont évanouis!
> Combien ont disparu, dure et triste fortune,
> Dans une mer sans fond, par une nuit sans lune,
> Dans l'aveugle Océan à jamais enfouis!

II

LA TRAVERSÉE. — LE MAL DE MER. — L'ARRIVÉE.

A la voix de son commandant, le *Saint-Augustin* s'avance d'abord avec précaution et lenteur au milieu des bâtiments aux pavillons multicolores qui peuplent ce bassin de la *Joliette,* magnifique conquête du génie de l'homme sur la mer. Mais quand la passe est franchie et que la route est libre, nous glissons rapidement sur les eaux de la rade, légèrement soulevées par un reste de mistral. Marseille disparaît peu à peu. Nous perdons de vue d'abord les magasins et les docks, puis le dôme doré de la cathédrale et les hautes cheminées des usines de Saint-Charles, de la Belle-de-Mai et d'Arenc.

Nous passons devant le château d'If et les îles du Frioul, nous apercevons au large le feu électrique du phare du Planier, sentinelle vigilante placée au milieu des flots pour guider dans leur course les marins qui vont apporter à la grande cité phocéenne les produits de l'Afrique et de l'Asie.

La terre s'efface dans un vague déjà lointain (nous sommes en octobre, et le départ a lieu à six heures du soir) ; la chaîne dentelée des montagnes de la côte ne se dessine plus qu'en formes indécises et se confond à l'horizon avec les brumes naissantes de la nuit. Seule, la brillante image de Notre-Dame de la Garde se détache encore, comme un astre radieux, comme l'étoile de la mer, saluant ceux qui arrivent, encourageant ceux qui partent, et donnant à tous ou l'allégresse du retour ou la consolation de l'espérance.

Le paquebot marche maintenant à grande vitesse, traçant un large sillon et se couronnant d'un panache de blanche fumée. Nous allons sortir de la rade de Marseille, de cette rade splendide où j'ai vu souvent de merveilleux couchers de soleil, tels qu'aucun pinceau ne pourra ni n'osera les reproduire.

Je me souviens surtout d'un soir où j'allais des Catalans au Prado, par le chemin de la Corniche.

Derrière les îles, qu'il empourprait de ses derniers reflets, le soleil, enveloppé de vapeurs rougeâtres, ressemblait à une immense sphère de fonte en fusion, dont on n'apercevait que la moitié. D'immenses bandes de toutes couleurs zébraient le ciel, et, sans se mélanger ni se heurter, formaient un ensemble harmonieux. C'était un magique arc-en-ciel aux lignes inégales et brisées, aux nuances éclatantes, qui se reflétait dans le pur miroir des eaux tranquilles. Jamais un peintre, quelque habile qu'il soit, ne représentera une scène pareille et ne rendra ces tons si chauds et ces effets si variés.

Je ne pouvais détacher mes yeux de cet admirable spectacle, et je me demande si l'Algérie pourra m'en fournir de plus beaux.

Au balancement prononcé du navire, dont la proue s'enfonce dans les flots et se redresse par un mouvement régulier, nous comprenons que nous gagnons la haute mer. Les vagues viennent clapoter contre les flancs du paquebot, qui est assailli par ces lames courtes et multipliées dont la Méditerranée a le monopole. Ce ne sont plus les grandes ondulations régulières de l'Océan, ce sont des chocs répétés, des assauts incessants et qui produisent déjà leur effet sur les tempéraments délicats et impressionnables.

Cependant, la plus grande partie de nos compagnons résiste et demeure bravement sur le pont. Près de nous, une jeune fille sourit gracieusement en se sentant bercer par les eaux, s'étend avec nonchalance sur un banc à dossier et répond à sa voisine qui lui demande si elle éprouve quelque malaise : « Mais pas le moins du monde, c'est charmant, j'aime la valse! »

Pauvre enfant! son plaisir ne sera pas de longue durée. Le vent se met à souffler, une lame plus forte vient imprimer au *Saint-Augustin* un roulis plus accentué. Notre valseuse essaye de faire bonne contenance, mais son visage pâlit, son estomac se soulève, et c'est à peine si elle peut péniblement descendre dans sa cabine, d'où elle ne sortira que lorsque nous serons entrés dans le port.

Son exemple est bientôt suivi par la plupart des passagers. La cloche sonne l'heure du dîner. Nous nous mettons à table, sous la présidence du capitaine. Nous sommes trente quand on sert le potage, nous restons dix au rôti ; à tout moment on voit un déserteur courir en hâte vers le bastingage, et rendre avec effort à la mer les quelques aliments qu'il vient de prendre. Le commandant et ceux des commensaux qui ont l'estomac marin sourient de ces mésaventures. On sait qu'il n'y a aucun danger, et que, si malade qu'on soit, on est radicalement guéri dès qu'on met pied à terre. Moi-même, je ris discrètement comme les autres, mais je suis bientôt puni de ce manque de charité. Je reconnais à certains prodromes que mon tour est proche, je me lève sans bruit, m'esquive sans mot dire, cours au grand vomitorium et vais tranquillement me coucher sur le dos.

Après quelques instants d'une immobilité parfaite, le malaise cesse, mais je ne bouge plus, et après avoir longtemps réfléchi aux inconvénients des voyages sur mer, je m'endors du sommeil du juste, puisqu'il est admis que les justes dorment plus profondément que les autres.

Le fait est que j'ai bien dormi, et que j'ai été fort étonné quand le matin, en entrant dans ma cabine, le garçon me dit : « Nous avons eu une nuit affreuse. » Pour ma part, je ne m'en serais pas douté. La traversée du golfe du Lion, *mare sœvum,* comme dit Salluste, est toujours difficile, surtout quand souffle le mistral ; mais je n'aurais pas cru que la mer eût été aussi mauvaise. Il est vrai qu'elle l'est encore au matin ; aussi je prends le parti de rester étendu sur ma couchette :

Me juvat immites ventos audire cubantem.

Ce n'est pas à dire pourtant que la position soit des plus agréables. Les cabines des paquebots, quelque confortables qu'elles soient, ont toujours, par leurs dimensions étroites et le peu de hauteur du plafond, un faux air de cercueil.

On y reste, parce qu'on ne peut pas faire autrement ; mais on est loin de s'y plaire, surtout quand un séjour trop prolongé en a vicié l'atmosphère. Il vaut bien mieux respirer sur le pont l'air pur et imprégné d'émanations salines.

Aussi, quand après vingt heures de repos absolu je sens que le tangage et le roulis s'apaisent, et qu'on peut se tenir debout sans risques, j'appelle le garçon, et je lui demande où nous sommes. Il m'apprend que nous filons par le travers des Baléares, que nous longeons la côte de Majorque et que, grâce à cet abri, le vent n'est plus aussi fort ni la mer aussi houleuse. Je saute aussitôt à bas de mon lit pour aller voir cette île renommée qu'on appelle l'île « dorée ». Mais je suis bien déçu dans mes espérances. Nous sommes à peu près à quatre portées de fusil de la côte orientale ; on l'aperçoit dans tous ses détails. Ce sont tantôt des falaises abruptes, tantôt des terrains en pente douce s'élevant peu à peu jusqu'à des pics arides et dénués de verdure. Une chose me frappe : je n'ai pas entrevu une seule habitation, un seul être vivant. Je n'ai même pas remarqué des traces visibles de culture. Sur ces bords battus par les flots, dévastés par les tempêtes, je cherche en vain les oliviers séculaires et les célèbres orangers de Majorque. Aucun arbre n'apparaît aux regards. C'est dans les vallées de l'intérieur qu'il faut aller les chercher.

Un âpre vent du sud-ouest, qui a forcé deux balancelles espagnoles à chercher un refuge dans une crique devant laquelle nous passons, nous oblige bientôt à redescendre. Et quand nous ne sommes plus protégés par la terre contre sa violence, le navire, qu'il prend par le travers, danse sur les vagues écumantes comme une coquille de noix. Tangage et roulis, tout s'en mêle. Ce sont de vraies scènes d'hôpital. Les enfants pleurent, les femmes sanglotent, les hommes geignent ; tout le monde vomit. Je reprends de plus belle ma position *supinale,* et grâce à une complète immobilité, je n'éprouve qu'un vague malaise et j'échappe en partie à l'affreuse maladie. Les médecins l'expliquent bien : ils disent que c'est un effet mécanique, une contraction musculaire ; tout ce que je sais, c'est que leur science n'a pas encore trouvé de remède efficace. Et cependant, c'est un mal bien terrible. Je l'ai éprouvé deux fois dans ma vie, alors que j'allais en Corse sur ces petits bateaux de la compagnie Valéry, coureurs rapides, mais trop dociles à la lame. On commence par ressentir un léger mal de tête, la vue se trouble, on a des éblouissements, on chancelle en marchant ; puis ce sont des haut-le-corps, des nausées, des vomissements douloureux par les efforts qu'ils occasionnent. Une angoisse inexprimable s'empare du patient. Il devient inaccessible à toute espèce de sensation, il est indifférent à tout ce qui se passe, il perd le sentiment de lui-même ; il n'est plus qu'une masse inerte et endolorie.

Certains prétendent que la peur et l'imminence d'un grave péril suffisent

On chancelle en marchant.

pour guérir du mal de mer. J'ai mes raisons pour en douter ; je suis la preuve vivante du contraire.

Il y a quinze ans de cela, nous doublions le cap Corse. Je souffrais horriblement. Tout à coup des clameurs retentissent ; un bâtiment vient sur nous à toutes voiles, il n'est plus qu'à quelques encablures. Un choc semble presque inévitable, et, dans ces parages tourmentés par une grosse mer, nous paraissons voués à une mort certaine. Grâce à l'habileté du capitaine, au sang-froid de l'équipage, une catastrophe est évitée. Les passagers valides se sont, au premier bruit, précipités en désordre sur le pont, mais aucun de ceux qui sont malades n'a bougé de sa couchette.

Pour moi, je me souviens que j'étais insensible aux cris de désespoir et de terreur qui éclataient de toutes parts ; je n'avais plus ni énergie ni volonté, et si les flots avaient envahi le navire, j'aurais été certainement sans forces pour me débattre et pour lutter.

La plupart des passagers du *Saint-Augustin* sont dans un semblable état d'insensibilité et d'indifférence. Toute la soirée et la plus grande partie de la nuit s'écoulent sans que la situation se modifie ; la mer est démontée, d'énormes paquets d'eau s'abattent sur le navire avec un fracas effroyable, et il me semble par moments que le vaisseau roule sur lui-même. C'est une tempête ; les matelots ont peine à se tenir en équilibre.

Je voudrais bien dormir ; mais comment fermer les yeux quand les vagues mugissent, quand toutes les membrures du paquebot craquent comme si elles allaient se disjoindre, quand je suis entouré de malades qui pleurent ou qui crient !

Enfin la fatigue l'emporte. Je m'endors, mais d'un sommeil irrégulier et intermittent, hanté de visions fantastiques et fréquemment interrompu par les plaintes de mes voisins.

Vers cinq heures du matin, je suis éveillé par un mouvement inaccoutumé. Les marins vont et viennent de tous côtés. Je crois d'abord à un accident ; mais le roulis a cessé, nous glissons comme sur un lac, et je me dis : Nous arrivons. Je me lève, je monte sur le pont, et, appuyé sur le bastingage, j'essaye de distinguer, à travers la brume grisâtre, cette Afrique où va s'écouler une partie de ma vie, *grande mortalis ævi spatium*.

Nous avançons rapidement, et bientôt une ligne plus sombre, quoique indistincte encore, se montre à l'horizon.

— C'est la terre ! nous écrions-nous ; et je descends, tout joyeux, apporter la bonne nouvelle à ma femme et à nos enfants qui ont été cruellement éprouvés par la mer. Les fronts se dérident, les yeux brillent, et à l'abattement de la souffrance succède la satisfaction de l'arrivée.

Pour ne rien perdre de ce spectacle si ardemment désiré et si impatiemment attendu, je me hâte de remonter. L'aube paraît, les formes indécises s'accentuent, et les pics du Sahel se dessinent bientôt à nos yeux. Un vieil Algérien, heureux de ma curiosité, me nomme avec complaisance tous les points de la côte.

Là-bas, c'est Sidi-Ferruch ; ici, la pointe Pescade ; du côté opposé, le cap Matifou.

Nous entrons dans la baie quand les premiers rayons du soleil levant illuminent les coteaux de Mustapha, et colorent en rose la basilique de Notre-Dame d'Afrique et les maisons de la Kasba.

Baie de Sidi-Ferruch.

C'est un panorama merveilleux ; mais il faut bientôt s'arracher à cette contemplation pour s'occuper des détails du débarquement. Le pilote monte à bord, et le *Saint-Augustin* ne tarde pas à jeter l'ancre sous les murs mêmes de la grande mosquée.

Une nuée de petites barques assiège le navire ; les Biskris le prennent d'assaut. Nous voilà en pays arabe.

III

ALGER VU DE LA MER. — LE DÉBARQUEMENT.

Quand la mer est belle et la traversée heureuse (ce qui n'a pas été notre cas), on arrive souvent à Alger vers deux ou trois heures du matin.

La ville se montre alors aux regards éblouis avec ses milliers de lumières, montant par étages des quais jusqu'à la Kasba. On dirait une cascade de feu. C'est admirable au premier coup d'œil ; mais ce spectacle ne change pas et manque de cette variété qui est « tout le secret de plaire ». On ne tarde pas à s'en lasser.

Combien j'aime mieux l'aspect de la cité au soleil levant !

Quand on arrive de nuit, on ne distingue que les phares de la côte, et parfois, si la lune brille, la masse sombre de la terre qui surgit dans le lointain.

Avec le jour, au contraire, on jouit de la vue de cette baie qu'on peut, sans exagération, comparer au fameux golfe de Naples ; et on passe, à mesure qu'on avance, par une série des plus variées de paysages inattendus et pittoresques, d'étonnements et d'enthousiasmes.

C'est un feu d'artifice dont Alger est le bouquet.

On voit d'abord la pointe Pescade, avec son fortin démantelé et ses roches creusées par les flots, dominée par le Sahel, qui tombe brusquement dans la mer et ne forme jusqu'à Alger qu'une succession de pitons, coupés par d'étroites et profondes vallées, au-dessus desquelles s'élève jusqu'à quatre cent douze mètres le Djebel-Bouzaréah (en arabe, *la montagne aux graines, le père des récoltes*).

Étroitement resserré entre la mer et les collines, apparaît le joli village de Saint-Eugène, qui n'est que le prolongement du faubourg Bab-el-Oued. Puis, à l'extrémité d'un promontoire, se dresse la chapelle de Notre-Dame d'Afrique, gracieuse imitation de l'architecture mauresque, dont la blanche coupole se détache sur le fond verdoyant d'une terre fertile et admirablement cultivée.

Derrière ce promontoire s'ouvre une vallée profonde et pleine d'ombre, qu'on a appelée « le Frais Vallon ».

Alger vu de la mer.

De l'autre côté de ce ravin, sur un nouveau contrefort, en face de Notre-Dame d'Afrique, surgit la cité, dont on aperçoit toute la partie nord, Alger la guerrière, Alger *la bien gardée*, comme disent les indigènes. Et c'est avec raison qu'ils la nomment ainsi. Du cap Sidi-el-Kettani jusqu'au sommet de la montagne, c'est un ensemble formidable de remparts et de bastions. En haut se dessinent vigoureusement et en grandes lignes le quartier des Tagarins, la caserne d'Orléans, l'ancienne citadelle turque et les batteries de la prison civile, dont les canons allongent à travers les embrasures leurs noires et énormes gueules qui commandent et menacent la mer. Derrière ces fortifications, les anciennes murailles élevées par les deys, et de lourdes bâtisses mauresques semblent former une seconde enceinte, tandis qu'au-dessous la masse monumentale du Lycée, l'Arsenal et le Fort-Neuf attirent les regards par leur ensemble imposant.

Le navire se rapproche de la côte, longe le mur épais qui supporte le boulevard des Palmiers, et arrive à l'entrée du port.

C'est de là qu'on peut contempler Alger dans toute sa splendeur.

En bas, c'est la ville française, avec ses maisons ou plutôt ses vastes palais à l'européenne, aux larges et nombreuses ouvertures, avec ses places, ses rues, ses boulevards. En haut et à droite, c'est la ville arabe, bizarre enchevêtrement de constructions mystérieuses, de cubes blancs ou peints en couleurs tendres que couronne la Kasba aux murailles grisâtres, aux embrasures vides, et que domine dans le lointain une verte montagne. Au centre, c'est le fort de l'Empereur, le Bordj-Mouley-Hassan, massive forteresse, émergeant d'un fouillis de verdure, dans une admirable situation. A gauche enfin, l'œil se repose avec plaisir sur les coteaux de Mustapha, immense jardin émaillé de villas somptueuses. On aperçoit à la fois le Sahel, qui s'abaisse, par une pente presque insensible, jusqu'à l'embouchure de l'Harrach ; derrière le Sahel, l'Atlas estompé par la brume, et au fond du paysage, dans un vague éloignement, les cimes neigeuses du Djurjura.

Et maintenant, si vous éclairez ces collines et cette mer des pâles lueurs de l'aube, ou si vous les illuminez des rayons d'or du soleil levant, songez à l'effet que produiront cette variété d'aspects, cette diversité de couleurs, et le spectacle de cette baie qui n'a pas moins de quarante kilomètres de pourtour.

C'est un panorama vraiment féerique et qu'on ne se fatigue pas de contempler.

Pour ma part, je l'ai revu souvent, soit de l'extrémité du Môle, soit de la poupe d'un de ces bateaux maltais ou espagnols qui ne cessent de sillonner la rade et, pour une modique somme, vous font faire une promenade aussi agréable qu'hygiénique.

Assis au pied du musoir du Nord, sur un de ces blocs en béton aggloméré dont on a construit l'immense jetée qui ferme et protège ce port de neuf cent mille mètres, j'ai admiré cette vue par tous les temps. Tantôt, au lever du jour, je suis allé revoir la blanche cité telle qu'elle s'est d'abord présentée à mes regards ; tantôt, par un soleil brillant, j'ai supporté avec peine l'éclat de ces murailles qui renvoient les rayons comme un miroir ; tantôt, par un ciel gris, à travers une lumière plus douce et comme tamisée, j'ai contemplé ce merveilleux ensemble.

J'ai même remarqué, à ce moment, que les détails se montraient mieux et que les maisons arabes se détachaient avec plus de relief entre la verdure

Alger.

qui les domine et les grandes constructions modernes qui paraissent les soutenir.

Ce sont là des impressions qui durent et des souvenirs qui ne s'effacent pas.

On a du reste, au sujet d'Alger, épuisé toutes les formules d'admiration et toutes les comparaisons possibles. Sous ce rapport, l'enthousiasme des Européens ne le cède en rien à l'emphase des indigènes.

D'après les poètes et les touristes, c'est : un escalier de géants, un lion énorme accroupi sur un morne, un fantôme aux formes indécises, un grand encensoir d'argent qui fume encore, un brouillard, une vapeur.

J'en passe et des meilleures, pour dire avec l'éminent géographe Mac-

Carthy : « Quelles que soient les modifications profondes qu'il a subies, quels que soient les agrandissements dont il a été l'objet, Alger conserve sa grande physionomie générale. C'est toujours ce triangle, plus vaste aujourd'hui qu'autrefois, dont on a comparé l'aspect, vu de loin, à une carrière de pierre en exploitation, qui, de très loin, m'a toujours rappelé celui d'un burnous de laine blanche étendu, le capuchon en haut, sur la pente d'un coteau verdoyant. »

Mais nous voilà dans le port. Le navire s'arrête, et aussitôt il est entouré par les bateliers qui font le service du débarquement. Les nacelles se pressent aux pieds de l'échelle que les matelots ont abaissée ; leurs conducteurs se disputent et s'arrachent presque les passagers. Maltais, Espagnols, Juifs, Arabes, tout ce monde tempête et s'injurie. On dirait qu'ils vont en venir aux mains.

Nous nous installons dans un canot que dirige un vieux Bédouin à la barbe blanche et inculte, au teint de bistre, aux sordides haillons. En quelques minutes, nous sommes sur le quai, et nous regardons avec surprise les voûtes qui supportent le Grand Boulevard, et qui, sur une étendue de deux mille mètres, servent à la fois d'ornement et de défense à la ville.

Après les formalités toujours ennuyeuses de la douane, nous rassemblons nos paquets et nos malles. A peine sortis de l'entrepôt, nous avons un assaut à soutenir. Tout à l'heure, les bateliers se disputaient les voyageurs ; ici, les biskris pillent les bagages. Une horde de portefaix au teint basané, figures qu'on n'aimerait pas à rencontrer au coin d'un bois, se précipitent sur vous. L'un prend une valise, l'autre un carton ; celui-ci un sac de nuit, celui-là une cage à perruches ; le tout entremêlé de cris. Il faut veiller sur ses effets et aussi sur ses voisins, car l'Arabe est essentiellement voleur. Il n'a rien à apprendre du plus habile pick-pocket, et pendant que les uns vous tiraillent en tout sens, de manière à vous écarteler, les autres cherchent le moment opportun pour plonger une main crasseuse dans une poche mal fermée. Tromper un roumi, le dépouiller, le tuer même, c'est encore pour la grande majorité des musulmans faire acte de bon croyant et œuvre agréable à Mahomet. Nous ne tarderons pas à nous en apercevoir.

Les douaniers et les gardiens de la paix parviennent enfin, non sans administrer quelques bourrades, à mettre le holà et à nous arracher aux griffes de ces harpies d'un nouveau genre. Nous recueillons nos bagages épars, et nous montons dans une de ces affreuses voitures, mal suspendues et mal attelées, qu'on décore ici du titre de calèches.

Au bout d'un quart d'heure, nous entrons au logis, heureux de nous reposer de ces émotions et de ces fatigues, et gardant de notre voyage un profond et durable souvenir.

IV

PREMIÈRES IMPRESSIONS. — LA VILLE FRANÇAISE.

Nous voilà remis et délassés. Il faut maintenant parcourir dans ses détails notre nouvelle résidence.

Elle se compose de deux parties bien distinctes : la ville basse ou européenne, qui date en entier de la conquête et qui s'agrandit sans cesse, et la ville haute ou arabe, qui conservera longtemps encore son ancienne physionomie et son cachet oriental.

Au point de vue topographique, la place Bresson ou de la République est le centre d'Alger ; mais au point de vue du mouvement et des affaires, la place du Gouvernement est toujours le point le plus important et le plus animé.

De là partent les deux grandes artères commerçantes de la cité, les rues Bab-Azoun et Bab-el-Oued. Avec leurs maisons à arcades, malheureusement trop massives et trop étroites, leurs riches magasins, la foule qui les parcourt, les voitures qui les sillonnent, ces deux voies ne dépareraient pas nos villes les plus renommées. De la place du Lycée à l'église Notre-Dame des Victoires, la rue Bab-el-Oued n'est guère habitée que par des marchands de comestibles, des débitants de tabac et de modestes cafetiers. On se ressent du voisinage de la vieille ville. Mais à mesure qu'on avance vers la place du Gouvernement, les boutiques sont mieux fournies, les devantures mieux ornées, les étalages plus somptueux. La rue Bab-Azoun est encore plus opulente. C'est un vaste bazar, presque un musée, où se trouvent réunies les productions de l'Europe et de l'Orient. Il y en a pour tous les goûts et pour toutes les bourses.

A côté des articles divers de l'industrie parisienne et de toutes les fabriques célèbres, on peut contempler les armes et les bijoux ciselés par les Kabyles, les poteries arabes, les tapis de haute laine, et les épaisses couvertures tissées par les femmes des tribus, sur les pentes du Djebel-Amour.

Si ces deux voies, Bab-el-Oued et Bab-Azoun, étaient plus largement ouvertes et régulièrement percées en ligne droite, elles seraient certainement enviées, et à juste titre, par bien des capitales.

Ce qui leur donne une originalité particulière, ce qui les rend uniques, c'est la variété des types et des costumes de la foule qui s'y presse. Les arcades sont un grand attrait; on peut s'y promener par tous les temps : par le soleil en été, par la pluie en hiver; mais d'autres villes en possèdent, et de plus belles. Reims, La Rochelle, Turin, Nice, ont des rues ou des places bordées, comme la rue de Rivoli, de ce genre de construction. Ce que ces villes n'ont pas, ce qu'elles n'auront jamais, c'est cette multitude bariolée d'étrangers, de soldats, de marchands et d'ouvriers de tous les pays. « A part les militaires, qui, sous leur uniforme, semblent autant d'épreuves d'un même cliché, à part quelques messieurs auxquels leur importance commande la tenue officielle des bals et des enterrements, on peut dire qu'il n'y a pas dans Alger deux individus identiques [1]. »

Marseille est assurément une cité cosmopolite. Toutes les nations du globe semblent se donner rendez-vous sur la Canebière ou les quais de la Joliette. Cependant on éprouve ici une plus profonde impression de surprise.

Il y a une telle liberté d'allures, on s'occupe si peu du voisin, que chacun s'habille, se coiffe, se chausse à sa fantaisie. Les uns gardent le costume national, les autres le modifient selon leurs goûts ou leurs besoins, et de là résulte une diversité qui étonne, choque presque au premier coup d'œil, mais ne tarde pas à plaire.

---

1. Ch. Desprez, *l'Hiver à Alger.*

Alger en 1845.

Sur la porte de cette buvette, assis devant une table boiteuse, et savourant à petites gorgées un verre d'anisette ou d'absinthe, boissons favorites des Algériens, voyez ces hommes à veste courte, à pantalons collants, la tête couverte d'un large sombrero. Ce sont des Espagnols. Ils sont nombreux dans ce pays qu'ils ont essayé de conquérir. Ces femmes au teint pâle, aux admirables cheveux noirs, qui leur tiennent compagnie, sont des Andalouses ou des Valençaises.

Ce vieillard majestueux, à la démarche grave, vêtu d'un gilet aux vives couleurs et de culottes bouffantes, qui porte avec aisance un énorme turban

Biskris. (Croquis de Fromentin.)

et rejette avec noblesse son burnous sur l'épaule, c'est un Maure. Il s'avance d'un air digne, la tête haute, avec cette lenteur particulière aux Orientaux. Il y a cependant sur sa figure une teinte de mélancolie. Il songe peut-être au temps peu éloigné, et qui ne reviendra point, où ses pères régnaient en maîtres absolus sur cette terre, où le chrétien captif traînait ses fers sur ces pavés qui lui appartiennent désormais, où le Juif, maintenant orgueilleux de ses droits de citoyen, s'inclinait avec humilité devant le moindre croyant et ne passait près d'une mosquée qu'en rampant et en ôtant ses souliers.

C'était une belle race que cette race des Maures. Reléguée aujourd'hui dans l'intérieur des villes, épuisée par l'usure, alanguie par la paresse, elle s'abâtardit et s'éteint dans une malsaine oisiveté et une honteuse ignorance, laissant à l'Arabe des tribus, qui vit au grand air, qui travaille, le privilège de la force et de la santé. Il faut voir ces rudes ouvriers, venus de Biskra ou de la Kabylie, avec leurs jambes nues et fortement musclées, vêtus d'une simple tunique de laine, aller rapidement par les rues, portant, pleines d'eau, sur leurs larges épaules, des urnes de cuivre à la forme gracieuse, ou poussant devant eux ces bourriquots, si robustes malgré leur petite taille, qui rendent tant de services en Algérie.

Ils passent en courant, pressés par la besogne, et formant par leur activité un saisissant contraste avec l'indolence de l'Arabe citadin, près du matelot italien qui débite sa pêche, du jardinier mahonnais qui promène des légumes dans une charrette à bras, et des négresses ridées qui vendent des gâteaux, appuyées contre un mur ou contre une colonne.

Français, Espagnols, Maltais, Maures, Biskris, Mozabites, Juifs, tout ce monde se presse, se heurte, se parle. C'est un kaléidoscope merveilleux, et l'oreille n'est pas moins surprise que l'œil, car les langues sont ici aussi variées que les costumes.

« Il y a là tous les jours, écrivait Ernest Feydeau, assez de types réunis pour défrayer les loisirs d'une vie d'artiste : des cavaliers aux jambes nues poussant leurs étalons harnachés de soie entre les piétons qui murmurent ; je ne sais combien de soldats en uniformes de fantaisie s'ébaudissant parmi les femmes avec des airs de vainqueurs ; des grisettes, qu'on dirait échappées du quartier latin, promenant leurs ombrelles au-dessus des têtes ; des Juives enveloppées dans ces longs fourreaux de soie brune qui donnent à leur démarche paresseuse un peu de la roideur des statues égyptiennes ; des Mauresques enfin, se faufilant entre les groupes, comme de blancs fantômes aux yeux rieurs. »

On ne saurait mieux dire ni mieux peindre. Le tableau est toujours le même, et, quoique datant de vingt ans, cette description est encore vraie, sauf pour la couleur des vêtements des femmes israélites. Je ne sais si leur goût s'est modifié. Il est certain que leurs robes sont loin d'être sombres ; je n'ai jamais vu de couleurs plus voyantes que celles des étoffes qu'elles emploient, depuis le rouge carmin jusqu'au vert le plus éclatant et le jaune le plus doré.

Mais continuons notre promenade, et gravissons l'escalier qui conduit à la place de Chartres, où s'ouvre le marché, le matin pour les denrées, les fleurs, les légumes, et le soir pour les petits négociants qui n'ont de boutique qu'en plein air et pour les revendeurs de ferraille et de bouquins. Rien

Négresse marchande de gâteaux.

de bien intéressant en somme. Les marchés indigènes qui se tiennent au champ de manœuvres de Mustapha, sur la place Bugeaud et au pied du boulevard du Centaure, aujourd'hui boulevard Gambetta, sont beaucoup plus curieux et plus attrayants.

De la place de Chartres, nous allons à la place Malakoff, où se trouvent la cathédrale et les palais du gouverneur et de l'archevêque. Nous y reviendrons plus tard.

La rue de la Lyre, belle et commerçante, quartier général des Juifs, qui finiront, et avant peu si on n'y prend pas garde, par devenir les seuls maîtres du sol algérien, nous conduit aux quartiers Rovigo, d'Isly et de Constantine, quartiers neufs et absolument européens. Il y a à peine quatre ou cinq ans qu'une tribu arabe campait encore sur le flanc de la montagne. On l'en a délogée; et là où s'élevait la tente, où fumait le gourbi, se dressent des maisons de six étages. C'est moins pittoresque, mais plus pratique, et je ne suis pas le moins du monde, au risque de passer pour un philistin, de l'avis de ceux qui prétendent qu'on aurait dû tout respecter. Sans doute, il y a eu, au point de vue de l'art, des modifications regrettables, des pertes sensibles, comme la démolition de la Jénina et la transformation de la mosquée Djama-Ketchaoua en cathédrale; mais il reste encore assez de curiosités à étudier, de monuments à visiter. L'essentiel est de s'arrêter à temps, et de conserver désormais ce qui a échappé jusqu'à présent au marteau des démolisseurs.

Toutes ces rues sont bien percées et bien bâties. Celle qui porte le nom du maréchal Randon et qui se prolongera bientôt jusqu'au rempart Nord, est la vraie ligne de démarcation entre la ville arabe et la ville européenne. Montons dans la rue Porte-Neuve ou dans la rue Bleue; nous n'avons pas cent pas à faire pour nous trouver en plein Orient, dans un monde nouveau. Jamais changement ne fut plus rapide, transformation plus complète.

Nous nous aventurerons à un autre moment dans ce dédale. Aujourd'hui, redescendons vers le port, pour voir ce boulevard de la République si vanté par les habitants. L'impératrice Eugénie en posa la première pierre, le 18 septembre 1860, et déjà, sur la plus grande partie de son étendue, cette voie magnifique est bordée de véritables palais, comme l'hôtel d'Orient, devenu l'hôtel de ville, l'hôtel de la Banque d'Algérie et l'hôtel du Crédit foncier.

C'est là qu'on vient pendant l'été, de huit à dix heures du soir, respirer l'air frais et vivifiant de la mer, par ces nuits sereines et embaumées, si rares dans nos climats du Nord, si communes en Orient. C'est là aussi qu'en hiver se rassemblent les étrangers oisifs ou malades, pour humer le soleil et demander à ses rayons réparateurs le bien-être et le repos.

Campement arabe.

Des voûtes superposées, de vingt mètres de hauteur, construites sous la direction du génie militaire et servant de casernes et de magasins, supportent ce boulevard, qui est en même temps un rempart formidable.

La promenade des Anglais, à Nice, est certainement une des plus belles du monde. Avec ses coquettes villas, elle a un cachet tout particulier de distinction aristocratique ; mais la baie des Anges ne vaut pas le golfe d'Alger, et le paysage qu'on aperçoit du square Bresson est bien plus varié et plus intéressant.

Le spectateur voit à ses pieds les docks et les quais avec leur mouvement incessant de voyageurs et de voitures, la gare et ses locomotives, le port constamment sillonné de nacelles et de chalands. Il peut contempler : d'un côté, les pentes boisées de Mustapha, la coupole de Kouba, les charmants villages d'Hussein-Dey et de Fort-de-l'Eau, les cimes de l'Atlas, les pics du Djurjura ; de l'autre, la ville en amphithéâtre, les minarets des deux principales mosquées, le phare et les constructions de la Marine ; et enfin, devant ses yeux, l'immense baie constellée de voiles et traversée de temps en temps par un paquebot qui s'élance à toute vitesse sur cette mer que nous appelons le grand chemin de la patrie.

C'est plus que beau, c'est merveilleux ; et en admirant cette cité si jeune et pourtant si prospère, en se rendant compte des efforts accomplis et des résultats obtenus, on se sent malgré soi ému et pénétré de reconnaissance envers ces pionniers de la civilisation, ces ouvriers de la première heure dont l'opiniâtreté et le courage ont surmonté tous les obstacles, et qui, par leur persévérante énergie, ont fondé sur le sol africain une France nouvelle dont l'avenir n'est plus douteux.

V

LA VILLE ARABE

Les quartiers occupés par les indigènes forment un polygone irrégulier ayant pour côtés le boulevard du Centaure, le boulevard de la Victoire, le boulevard Valée, la rue Bab-el-Oued et la rue de la Lyre, ou mieux, selon nous, la rue Randon.

Les maisons mauresques s'élèvent et s'étagent sur le penchant de la montagne jusqu'aux remparts de la Kasba, ancienne et vaste caserne qui servit ensuite de palais aux deys d'Alger, et qui a reçu de nouveau sa première destination.

On trouve aussi des constructions arabes très curieuses dans le triangle formé par le boulevard des Palmiers, la rue de la Marine et la rue Bab-el-Oued; c'est-à-dire dans la partie de la ville située entre cette dernière rue et la mer; mais les musulmans les ont abandonnées pour se réfugier dans ce fouillis inextricable de ruelles, d'impasses, de passages voûtés, qu'on appelle le quartier de la Kasba.

« Supposez un instant, dit M. Berbrugger, qu'un nouveau Dédale ait été chargé de bâtir une ville sur le modèle du fameux labyrinthe; le résultat de son travail aurait précisément quelque chose d'analogue à l'ancien Alger.

« Des rues de longueurs inégales, offrant dans leurs détours toutes les lignes imaginables, excepté cependant la ligne droite, pour laquelle les architectes indigènes paraissent professer un éloignement instinctif; des maisons sans fenêtres extérieures, quelques lucarnes au plus; des étages avançant l'un sur l'autre, de telle sorte que vers le sommet des constructions les deux côtés opposés d'une rue viennent souvent à se toucher ; quelquefois même la voie publique est voûtée sur un espace assez considérable. Représentez-vous tout cela éblouissant de blancheur, par suite de l'usage où l'on était alors de donner chaque année deux couches de chaux aux bâtiments, et vous aurez reconstruit le véritable Alger par la pensée. »

Alger.

C'est toujours le même aspect, du moins dans certaines parties. Le musulman fataliste n'aime pas le changement, et c'est avec douleur qu'il voit percer ces grandes lignes qui répandent dans les quartiers obscurs et malsains l'air, la lumière et la vie. Par suite de la disposition de la ville, construite en amphithéâtre sur une pente raide, il sera toujours impossible de relier la Kasba à la Marine par des voies directes. Les rues bien percées sont parallèles à la mer ; les rues perpendiculaires au port ou à la rade, mal pavées de cailloux pointus, sont plutôt de longues suites de marches, absolument inaccessibles à toute espèce de véhicule. Les boulevards Valée et du Centaure, qui limitent au nord et au sud la cité arabe, ne sont que de larges escaliers à double rampe, garnis de plates-formes et de terrasses pour rendre l'ascension moins pénible.

Deux rues seulement, les rues Porte-Neuve et de la Kasba, relient par une ligne à peu près droite le haut et le bas de la ville. Elles sont étroites, irrégulières, coupées à tout moment par des ruelles latérales qui montent ou descendent de la façon la plus capricieuse, et forment tantôt des courbes élégantes, tantôt des angles ou des zigzags qui arrêtent brusquement les regards. Quittons ces voies principales, et allons à la découverte.

A peine avons-nous fait quelques pas que nous sommes absolument dépaysés. Au bruit de la foule ont succédé l'isolement et le silence ; aux constructions européennes, des bâtisses aux hautes murailles, percées de baies cintrées, avec des portes massives et munies de puissantes armatures de fer. Parfois, à travers une porte entr'ouverte, on peut jeter des regards à l'intérieur. Ce sont tantôt des vestibules pavés de marbre blanc, avec des arceaux creusés dans le mur et dont la voûte est supportée par de sveltes colonnes, tantôt une cour mauresque avec sa fontaine et ses terrasses intérieures, tantôt un sombre escalier, trop étroit pour que deux personnes puissent y passer de front. Comme soubassements, des carreaux vernis ou des faïences multicolores et du meilleur effet.

A mesure qu'on avance ou plutôt qu'on monte, les surprises se multiplient, le décor change à tout moment, comme dans une féerie où la baguette d'un magicien opère sur la scène des transformations répétées.

Quand je vais dans la vieille ville, et j'y vais fréquemment, je ne veux pas de guide. J'aime à errer au hasard, à chercher longtemps, à trouver quelquefois, et surtout à ne devoir mes impressions à personne. Rien ne me déplaît autant que ces touristes qui s'extasient à heure fixe, à des endroits déterminés, sur la parole d'un cicerone. Ma manière de faire a un inconvénient, je le sais. Elle m'expose à ne pas voir beaucoup de choses, à me tromper souvent : car en matière d'art ou d'architecture je suis peu orthodoxe ; mais j'ai en voyage l'horreur du convenu, du déjà vu ; et je dois ajouter que je ne suis jamais revenu bredouille d'une excursion dans la Kasba, et que le hasard m'a constamment bien servi.

Un jour, dans la rue du Locdor, c'est une porte ornementée, comme toutes les portes des maisons mauresques, et que surmonte un vieil écusson agrémenté de quatre fleurs de lys. Pourquoi ces armoiries ? Était-ce sous l'ancienne monarchie la demeure de nos consuls ? Était-ce un négociant français qui voulait ainsi, sous la domination turque, indiquer sa nationalité, et retrouver, en entrant chez lui, une lointaine image de la patrie ? Je suis resté quelque temps en contemplation devant cet écusson, me reportant par la pensée à l'époque où il fut sculpté, et me demandant presque si le turco qui vient à ma rencontre n'est pas un janissaire, si les balancelles que j'entrevois ne sont pas des barques de pirates.

Un autre jour, c'est une fontaine que je n'avais pas encore remarquée, avec ses colonnes de marbre à chapiteaux délicatement fouillés ; c'est une Juive puisant de l'eau et évoquant dans mon esprit le souvenir de Rébecca ; c'est une tête rieuse encadrée dans un noir judas ; c'est une Mauresque qui sort à la hâte de sa maison et me laisse cependant le temps de jeter un rapide coup d'œil sur une terrasse ombragée par une treille et des plantes grimpantes d'où la mer se découvre, et où jouent dans des attitudes variées, avec leur grâce un peu sauvage, quelques enfants jolis comme le sont tous les enfants arabes.

D'autres fois, c'est un minaret encore inaperçu, une muraille en ruine garnie de giroflées, un rayon de soleil, un effet d'ombre. Il y a toujours du nouveau et de l'inattendu, et bien que je ne sois pas de ces fanatiques qui pâlissent de plaisir et se pâment d'admiration devant un rinceau ou une balustrade, je suis sensible au beau, et je déclare qu'il est peu de promenades aussi variées et aussi agréables qu'une excursion dans le vieil Alger.

Je vais vous raconter la dernière que j'ai faite, pour vous montrer ce qu'on peut voir dans une après-midi.

Au sortir de la rue Bab-el-Oued (Porte du Ruisseau), je me suis engagé dans un long et étroit corridor. Impossible de donner un autre nom à ces ruelles, qui n'ont pas un mètre de large, et dont les maisons, pourvues d'encorbellements soutenus par des rondins et des poutrelles en thuya, se rapprochent à mesure qu'elles s'élèvent, et finissent par se réunir et former une voûte irrégulière à travers laquelle filtrent d'espace en espace quelques rayons de soleil.

Après avoir longuement erré dans ce labyrinthe, avoir souvent grimpé, quelquefois dégringolé, m'être heurté à de multiples impasses, j'arrive à une espèce de plate-forme où aboutissent quatre raides escaliers. Deux bourriquots, chargés de briques et de gravats (sans eux on ne parviendrait jamais à nettoyer la vieille ville), descendent péniblement d'un côté, conduits par des Biskris au teint d'acajou, tandis que de l'autre une Juive aux bras nus, aux chairs flasques, monte tout essoufflée, alourdie par l'âge et par l'embonpoint si commun chez les femmes de sa race, qui le considèrent comme une beauté. Ses babouches résonnent sur le pavé. Près d'elle glisse silencieusement une Mauresque, aux traits jeunes, mais déjà flétris. En Afrique, vingt ans c'est presque la vieillesse ; c'est au moins la maturité. Dès qu'elle m'aperçoit, elle resserre sans trop de précipitation son haïck autour de son visage :

Et fugit ad salices, et se cupit ante videri.

Arabe, Juive, Mauresque, toutes se retournent pour me considérer. En effet, dans ce milieu oriental, avec mes vêtements européens, mon chapeau de soie, si peu approprié au climat et au paysage, j'ai tout l'air d'un intrus, et me voilà passé à l'état de curiosité. Je n'en continue pas moins mon examen sommaire des lieux et des personnes.

Tout à coup, des sons inconnus et harmonieux frappent mon oreille.

Je m'approche. C'est une *Nouba,* orchestre indigène. Il est malheureusement réduit à sa plus simple expression. Deux musiciens, un joueur de flûte et un accompagnateur, donnent dans un café maure une sérénade aux consommateurs qui boivent et fument, nonchalamment assis ou couchés sur des nattes de paille. J'écoute pendant quelque temps cette musique primitive, traînante et mélancolique mélodie, formée de quelques notes qui reviennent sans cesse, rythmée par le son monotone de la derbouka ou tabourka (tambour en poterie), et bien faite pour endormir et bercer dans leurs rêves fantastiques les amateurs de haschich.

Je continue à monter vers la citadelle. Je vois soudain à ma droite un long escalier, un vaste tube, éclairé en haut d'une vive lumière. C'est une

Fromentin.

rue, la rue du Diable. Je n'hésite pas à gravir cet enfer. Des deux côtés, sous une voûte sombre, sur des murailles blanches que l'obscurité rend blêmes, se détachent des portes basses, aux marteaux de cuivre bien fourbis et artistement ouvragés. D'étroites lucarnes, aux grillages épais, véritables meurtrières, tranchent de loin en loin sur le fond grisâtre des murs. Je compte quarante degrés ; arrivé au sommet, je m'aperçois que la rue se continue par un couloir, percé entre deux rangées de maisons sans autre ouverture qu'une porte dissimulée dans un coin. Tout semble d'abord désert et silencieux, et on éprouve, malgré soi, en présence de cette morne solitude, une vague tristesse ; mais derrière les portes fermées, on distingue bientôt le murmure des conversations féminines et le rire perlé des enfants. Cet isolement, cette langue inconnue dont on perçoit à peine les intonations musicales, tout cela a un air d'étrangeté et de mystère qui étonne et qui séduit. On se demande ce qui se passe, quels intérêts s'agitent dans ces demeures impénétrables, prisons fermées à nos idées, forteresses rebelles à nos efforts.

La rue du Regard, heureusement nommée, m'attire et m'enchante. C'est un vrai puits, quand on l'examine de la rue de la Kasba. L'œil se perd en plongeant dans ces noires profondeurs, pour être subitement ébloui quand il passe de la contemplation de ce gouffre à l'aspect de la mer étincelante qu'une échappée de vue permet d'apercevoir par delà les terrasses, entre les maisons resserrées.

Je parcours ensuite la rue Barberousse, le quartier Sidi-Ramdan. Rien d'européen, rien de moderne. Les redoutables corsaires qui infestaient la Méditerranée pendant les derniers siècles s'y retrouveraient encore, et reconnaîtraient les observatoires d'où les femmes de leur harem épiaient leur retour.

Il en est de même pour le quartier du Centre, plus connu sous le nom de quartier Mohammed-Chérif. Je l'ai visité dans tous les sens. Là, l'illusion est complète. On est à mille lieues de la France.

Assis au carrefour Kléber, à côté de la Zaouia (école religieuse où un marabout enseigne le Coran), j'ai vu pendant près d'une demi-heure défiler devant moi tous les types de l'Algérie, et pas un seul Européen. Dévots faisant leurs ablutions ou se prosternant pieusement devant le tombeau du descendant du Prophète ; barbier en plein air, aussi habile à arracher une dent qu'à dénuder un crâne ; vanniers aux doigts agiles ; Bédouins paresseusement étendus sur les nattes d'un café ou couchés au soleil, le long du mur, soigneusement enveloppés dans leur burnous ; Mauresques affairées ; négresses vendant leurs petits pains parfumés d'anis ; marchands de beignets, de gâteaux au miel ou de bâtons de guimauve ; spahis au manteau rouge, faisant une tache sanglante sur les blancs vêtements des autres indigènes : c'est un mélange indescriptible et un merveilleux tableau.

Les rues avoisinantes, chères aux peintres et aux aquarellistes, sont fécondes en surprises. En redescendant vers le port, j'allais à l'aventure, admirant ces voies bizarres et inégales, aux recoins sombres, aux entre-croisements multiples, aux voûtes obscures, aux brusques tournants qui vous font passer, sans transition, de la nuit à la lumière. Ces contrastes se reproduisent à chaque instant, et toujours variés.

Jamais je n'ai plus vivement regretté de n'avoir pas suivi avec profit les leçons de mes professeurs de dessin. La plume est impuissante à rendre ces impressions et ces aspects, à moins d'être tenue par un Gautier ou un Fromentin ; pour ces paysages et ces couleurs, il faut le crayon ou le pinceau.

C'est le soir surtout, par une de ces nuits tièdes et sereines comme le sont les nuits d'Alger, que ces quartiers doivent être intéressants à parcourir, avec ces portes fermées, ces fenêtres grillées, ces maisons muettes, ces Arabes qui se glissent, comme des fantômes, le long des murailles blanches avec lesquelles ils semblent se confondre.

Beau pays pour l'artiste et le poète, que cette ville étrange où se trouvent côte à côte des races si distinctes, des civilisations si différentes : en bas, le mouvement tumultueux, le commerce, la vie, les raffinements multipliés des grandes cités européennes ; en haut, le silence, le mystère, les mœurs et les retraites impénétrées de l'Orient.

VI

LA PLACE DU GOUVERNEMENT

Il n'est personne en France qui n'ait souvent entendu parler de la place du Gouvernement. Grâce aux officiers retraités, on la connaît sans l'avoir vue. Les héros n'ont pas changé depuis Homère : ils sont toujours loquaces. Ils ne s'insultent plus, entre ennemis, avant la bataille ; mais ils aiment à rappeler leurs souvenirs, à dénombrer leurs campagnes, à raconter leurs exploits. Leur conversation est intéressante, car ils disent franchement et sans détours ce qu'ils pensent sur les hommes et les choses, et excellent à peindre, en quelques mots, avec une pittoresque concision, un caractère ou une contrée.

La place du Gouvernement mérite la réputation que lui ont faite les anciens Africains. Elle est à Alger ce qu'est la Canebière à Marseille, ce qu'était autrefois à Paris le jardin du Palais-Royal, ce que sont aujourd'hui les grands boulevards ; c'est-à-dire le lieu de commune attraction où l'on est porté malgré soi, où tout le monde se réunit et se rencontre.

Comme le mouvement du commerce et de la population se déplace de plus en plus, comme la ville se développe surtout du côté de l'Agha et de Mustapha, cette place pourra finir par ne plus être le centre des affaires ; mais elle sera toujours le rendez-vous préféré des désœuvrés, des flâneurs et des étrangers.

C'est un vaste rectangle, auquel aboutissent les principales voies, le boulevard de la République, qui n'en est que le prolongement du côté de la mer, et les rues de la Marine, Bab-el-Oued, Bab-Azoun, du Divan et du Soudan. Il est bordé sur trois de ses faces par de belles maisons et par une double rangée de platanes. Je me suis souvent demandé pourquoi on a choisi cette essence au lieu d'arbres à feuilles persistantes, comme il y en a tant en Algérie. Quand vient le printemps, ces platanes, avec leur vert feuillage, produisent certainement un bel effet; mais en hiver leurs branches dénudées attristent les yeux. Il aurait été si facile de faire tout autour de la place, comme on a fait d'un côté, devant l'hôtel de la Régence, où des massifs de bambous et une douzaine de palmiers, parfaitement venus, ombragent une élégante fontaine et constituent une véritable oasis. A mon humble avis, on a commis là un contresens.

Un vieil Algérien, écrivain de talent et artiste distingué, M. Charles Desprez, a pris, avec l'humour qui lui est propre, la défense de ces platanes : « Les étrangers qui, d'habitude, ne les voient que l'hiver, auront peine à comprendre combien ils sont agréables l'été. On les préfère alors aux arcades. L'ombre y est plus légère, la brise y souffle, les oiseaux y gazouillent. Plantés en 1852, ces arbres ont eu d'abord la mauvaise fortune de tomber entre les mains d'un maire partisan de la symétrie à outrance. On les rognait tous les printemps à hauteur d'un premier étage. Aussi dépérissaient-ils à vue d'œil et menaçaient-ils de mourir, lorsque, cédant aux réclamations du public, l'autorité consentit à les laisser croître à leur gré. Ce sont, depuis lors, presque des futaies. »

J'en demande pardon à l'aimable conteur dont les charmants récits font si bien connaître et apprécier l'Algérie, mais je ne partage pas sa manière de voir. J'aurais voulu sur cette vaste esplanade les orangers ou les bellombras qu'on y admirait autrefois. Les platanes sont trop communs en France. Il faut à nos yeux blasés, pour accompagner dignement cette mosquée flamboyante, ce soleil de feu, cette cohue bigarrée de turbans et de burnous, des arbres qui rappellent mieux l'Orient.

Malgré cette anomalie, la place du Gouvernement n'en est pas moins une des plus belles que j'aie vues.

C'est encore une conquête du génie français. Avant qu'on ne construisît les triples voûtes qui la supportent, les maisons mauresques descendaient, en suivant l'inclinaison rapide de la montagne, jusqu'à la mer qui venait battre les pieds de la mosquée. Nos ingénieurs ont comblé les vides, ont bâti d'immenses et solides murailles qui défient les tremblements de terre, et, comme Sémiramis à Babylone, ont suspendu des jardins dans les airs.

Les maisons qui l'entourent, avec leurs façades peintes, leurs fenêtres à balcon, leurs sculptures, leur ornementation variée, leurs terrasses, l'encadrent à ravir. Leur rez-de-chaussée est occupé par des magasins bien pourvus et bien achalandés et par de somptueux cafés. Le soir, quand la musique des zouaves fait retentir les mélodies des grands maîtres, et que les dilettanti se pressent pour l'écouter, les salles se vident, et les consommateurs viennent sous les arcades et sur les trottoirs, au risque d'encombrer la voie publique, joindre aux plaisirs du goût celui d'entendre d'éclatantes fanfares ou de douces harmonies. Les balcons se remplissent d'auditeurs ; et c'est un spectacle qu'on n'oublie pas que celui de cette multitude attentive, composée d'éléments si divers, applaudissant sous le ciel africain les airs de France et d'Italie.

La quatrième face du rectangle est formée par la Djama-Djedid ou mosquée neuve, plus connue des Européens sous le nom de mosquée de la Pêcherie, et par un espace libre qui permet d'apercevoir, au delà du boulevard, à travers les mâts des bâtiments en relâche dans le port, la mer et les collines de la Maison-Carrée.

Cette place est constamment animée. Il n'est pas un Algérien qui ne la traverse au moins une fois par jour, soit pour descendre au port, soit pour aller de Bab-Azoun à Bab-el-Oued, soit pour y retrouver ses amis ou y causer d'intérêts. Le palais du gouverneur, l'archevêché, la mairie, la cour d'assises, les tribunaux, l'état-major de la place, les marchés, les grands hôtels, les cercles, les cafés renommés, tout rayonne autour de ce centre. La cathédrale, la synagogue, les mosquées, y attirent les fidèles; les salles de vente y font affluer les petits commerçants et les revendeurs ; un bureau de postes et télégraphes y amène les étrangers et les hommes d'affaires. Si la municipalité réalise son projet de transformation du quartier de la Préfecture, Alger aura beau se développer vers le sud, la place du Gouvernement sera toujours le point le plus vivant.

La voie qui la limite du côté de la vieille ville et qui réunit Bab-Azoun et Bab-el-Oued n'est pas une rue ordinaire. On pourrait lui donner le nom que portent à Paris le carrefour Montmartre, à Marseille le carrefour des Réformés : carrefour des Écrasés. Du matin au soir c'est une suite ininterrompue d'omnibus surchargés, de corricolos lancés à toute vitesse, de troupeaux de bœufs ou de moutons, de charrettes pesantes, de convois funèbres, de piétons empressés. Je le répète : tout Alger passe par là.

A l'autre extrémité, vers la balustrade du boulevard, la foule est plus calme, mais n'est pas moins compacte, surtout à six heures du soir, au moment du départ des courriers. Pendant que le paquebot termine ses préparatifs, que les passagers font leurs adieux aux parents et aux amis réunis sur le quai, d'innombrables curieux viennent tous les jours assister à ce spectacle. Ouvriers, soldats, Juifs, Arabes, tous se précipitent pour s'appuyer sur les rampes de fonte et mieux apercevoir le va-et-vient des canots qui transportent à bord les voyageurs. Et ce sont dans toutes les langues des dissertations à n'en plus finir sur l'état de la mer, sur les qualités ou les défauts du navire. Anglais, russe, espagnol, italien, berbère, tous les idiomes s'y font entendre; je dirai plus, tous les dialectes. Le Génois y coudoie le napolitain; le Languedocien s'y heurte avec le Berrichon, le Gascon avec le Provençal. Un soir même, agréable surprise, mon oreille a été frappée par les sons bien connus de notre patois du Quercy. C'était un honnête journalier, établi depuis peu à Alger, qui venait après un dur labeur, en compagnie de sa femme et de sa fille, respirer la brise marine et souhaiter un paisible voyage aux passagers qui allaient s'embarquer.

Je ne saurais dire combien je fus ému en écoutant sur ces rives lointaines cette langue qui caressa mon enfance, et combien, en passant par cette bouche virginale, elle me semblait douce et harmonieuse, surtout quand je la comparais aux clameurs gutturales des Juifs ou des Biskris.

C'est sur la place du Gouvernement qu'une statue en bronze, œuvre du sculpteur Marochetti, a été élevée au duc d'Orléans, le 28 octobre 1845, par l'armée et la population de l'Algérie.

Le prince est représenté à cheval, faisant face à la ville, le dos tourné à la mosquée et à la mer. D'un geste martial et plein d'autorité, il étend son épée comme pour prendre, au nom de la France, possession définitive de cette terre où il s'illustra.

Cette statue a déjà son histoire. Nous avons la manie, à chaque révolution, de faire disparaître ou de détruire les emblèmes publics du gouvernement déchu. A deux reprises, le duc d'Orléans a failli être renversé de son piédestal de marbre et de granit; et c'est moins aux services rendus qu'à sa mort prématurée et qui l'empêcha de régner qu'il a dû la conservation de sa popularité.

On a eu raison de l'épargner; car Alger est pauvre en monuments. Avec le fils de Louis-Philippe, parmi tous les hommes de guerre qui se sont succédé à la tête de la colonie, deux seulement, les maréchaux Bugeaud et Pélissier, ont leur image sur la voie publique. Le buste de ce dernier a été érigé dans le passage Malakoff. Quant au duc d'Isly, au vrai fondateur de la France algérienne, sa statue se dresse fièrement sur la place qui porte son nom ; et les troupes ne passent jamais devant elle sans lui présenter les armes, et sans que les trompettes fassent retentir l'air si populaire dans l'armée d'Afrique de *la Casquette au père Bugeaud*.

Le jour viendra où l'Algérie aura ses illustrations, lui appartenant en propre, nées et formées sur son sol vigoureux et rajeuni. Tout en leur rendant les honneurs mérités, elle ne cessera pas de garder avec un soin jaloux le souvenir reconnaissant des sacrifices de la mère patrie et la mémoire fidèle des soldats et des colons qui l'ont soumise et, en quelque sorte, créée de toutes pièces.

Nous n'en voulons d'autre preuve que ce glorieux et constant hommage au vainqueur d'Abd-el-Kader.

VII

MONUMENTS RELIGIEUX

En arrivant à Alger, après avoir contemplé cet ensemble que nous avons essayé de décrire, l'étranger se sent attiré par les coupoles éclatantes et les gracieux minarets qui dominent de loin en loin les terrasses mauresques. Habitués aux lignes sévères des cathédrales gothiques ou des basiliques romanes, les yeux du nouveau débarqué sont surpris par ces contours harmonieux, ces colonnettes carrées, évidées sur les côtés en forme de croissant et qui, de loin, ressemblent à des créneaux ; ces faïences aux dessins variés, qui forment au sommet des murs, sous les feux du soleil, un cordon de vives couleurs et de chatoyantes lumières.

Ici, comme dans nos cités d'Europe, les monuments religieux, témoignages durables de croyances sincères, puissantes manifestations de l'art, ne sont pas les moins curieux à visiter.

Le fanatisme musulman avait multiplié les sanctuaires. Alger en possédait cent soixante-six avant l'occupation. La plupart ont disparu dans les remaniements de la ville ou ont été affectés à d'autres destinations.

Ces affectations n'ont pas toujours été heureuses.

Ainsi, au lieu de construire à neuf une cathédrale, on a détruit la mosquée Ketchaoua, et sur son emplacement on a élevé à grands frais un édifice qui n'a ni originalité ni grandeur. On a inutilement essayé d'approprier au culte catholique un bijou d'architecture arabe : on n'a réussi qu'à le gâter, disons mieux, à l'anéantir.

Sauf le *minbar* qui sert de chaire et les gigantesques colonnes de marbre qui encadrent la nef, rien ne subsiste aujourd'hui de cette mosquée que le pacha Hassen avait complètement restaurée en 1794, et dont les poètes orientaux disaient : « Elle est recherchée par les désirs avec un empressement extrême, et ses splendeurs ont souri sur l'horizon du siècle. »

Placée sous l'invocation de saint Philippe, et érigée en métropole en 1867, la cathédrale d'Alger n'offre à l'extérieur rien de remarquable.

La façade est lourde et massive, malgré les deux tourelles dont elle est flanquée. L'aspect est en général disgracieux. A l'intérieur, les arabesques stuquées qui remplissent la voûte et qui rappellent des dessins de l'Alhambra contrastent avec l'ornementation sévère du chœur et des bas-côtés. On a eu tort de chercher à associer dans un même monument la grâce musulmane et l'austérité chrétienne.

Comme la cathédrale, les églises Sainte-Croix et Notre-Dame des Victoires sont d'anciennes mosquées ; mais ici, du moins, on n'a rien démoli : on s'est contenté de modifier, selon les besoins du nouveau culte, des édifices sans valeur artistique et dont la disparition n'aurait excité aucun regret.

Seule, l'église Saint-Augustin est de construction récente. C'est un vaisseau de pur style roman de quarante-cinq mètres de long sur vingt-deux de large, et dont le clocher, heureusement conçu, produirait beaucoup d'effet s'il n'était pas dominé et écrasé par les maisons et les sommets du quartier Rovigo.

Ce fut sans doute pour mieux établir notre prise de possession, pour affirmer plus sûrement notre conquête, que la croix des chrétiens fut plantée sur ces coupoles que couronnait autrefois le croissant de Mahomet. Je n'en persiste pas moins à croire qu'il aurait été utile, dans ce pays au fanatisme ardent, aux croyances indomptables, de construire dès notre arrivée un monument grandiose, digne de la France. L'Arabe est profondément religieux. Loin de pratiquer l'indifférence en cette matière, il attache la plus grande importance aux manifestations pieuses, et ne cache pas son dédain pour quiconque fait ouvertement profession d'incrédulité.

Aussi a-t-on peut-être été mal inspiré en appliquant ici dans sa rigueur la loi de germinal. Les Orientaux se plaisent aux spectacles et aux fêtes, et les processions, surtout celle de la Fête-Dieu, avaient à Alger un caractère particulier d'originalité et de grandeur. Les dissidents ne s'en plaignaient pas. Les négociants israélites sacrifiaient volontiers aux intérêts de leur commerce leurs idées d'intolérance. Quant aux Arabes, ils aiment trop tout ce qui parle aux yeux, ils s'inclinent trop devant la force pour avoir jamais songé à protester ; et des tribus entières quittaient la Mitidja ou les pentes du petit Atlas pour venir assister à ce spectacle.

Dans les rues, jonchées de palmes et de fleurs, le long des maisons pavoisées et ornées de riches tapis, se déployait un somptueux cortège. On y voyait les diverses congrégations avec leurs costumes variés, les pensionnats de jeunes filles, les confréries d'Italiens, de Maltais, d'Espagnols, avec leurs cagoules sombres ou leurs pèlerines éclatantes, les écoles de garçons, de nombreux fidèles, les séminaires, le clergé ; et derrière le dais, au milieu d'une imposante escorte, le gouverneur général et son état-major, la cour d'appel en robes rouges, les autorités civiles et les officiers de tous les corps, chamarrés de décorations. Un splendide reposoir s'élevait sur la place du Gouvernement, près de la statue du duc d'Orléans.

Après avoir prié au milieu de la foule recueillie, accompagné de ses chanoines que leurs longues barbes blanches font ressembler aux patriarches, l'archevêque descendait de l'autel, se dirigeait vers la balustrade qui domine le port et bénissait la mer.

Aussitôt les tambours battaient aux champs, les musiques des régiments faisaient éclater leurs fanfares, les drapeaux s'inclinaient, les soldats présentaient les armes, et, mêlant leur grande voix aux hymnes saintes, les canons des forts et de l'escadre, tonnant à la fois, saluaient le Dieu des combats d'une immense acclamation.

A présent, pas de canon, pas de musique, pas de pompe officielle. C'est à Notre-Dame d'Afrique, dans les vastes terrains qui en dépendent et qui font partie de la mense épiscopale, que se réunissent les différentes paroisses pour la solennité de la Fête-Dieu. La procession, composée surtout de jeunes communiantes, offre le plus ravissant coup d'œil. Moins d'ostentation, mais plus de piété; moins de bruit, mais plus de charme.

> Au milieu des parfums dont l'air est embaumé,
> Le gracieux essaim, par les sentes fleuries,
> Déroule lentement ses blanches théories.

Le temple protestant de la rue de Chartres et la chapelle anglicane de la porte d'Isly sont d'une architecture sévère et froide.

La grande synagogue, bâtie dans le style mauresque, ne se montrera sous son vrai jour que lorsque ses abords seront dégagés.

Il ne faut pas se le dissimuler, ce qu'il y a de plus intéressant à Alger en fait d'édifices religieux, ce qui est le plus curieux à voir, ce sont les mosquées. Il y en a de trois sortes : la *djama* ou mosquée, la *koubba* ou chapelle renfermant le tombeau d'un saint de l'Islam, et la *zaouia,* comprenant à la fois une petite mosquée et une koubba.

Il n'y a plus que quatre djamas où se fasse la prière du vendredi : la djama Kebir, la djama Djedid, la djama Sidi-Ramdan et la djama Safir.

Nous ne parlerons pas des deux dernières, qui n'offrent pas un grand intérêt; mais les autres méritent d'être longuement parcourues et sérieusement étudiées.

La djama Kebir ou grande mosquée, dont quelques auteurs font remonter la construction aux premières années du onzième siècle, occupe une superficie de deux mille mètres carrés. On y entre par la rue de la Marine, après avoir traversé une élégante galerie de quatorze arcades dentelées, de trois mètres d'ouverture, soutenues par de belles colonnes de marbre blanc.

On pénètre d'abord dans une petite cour du plus charmant effet. On est en plein Orient; rien qui rappelle l'Europe. Murailles fraîchement blanchies, colonnes torses, fenêtres ogivales, auvents de bois de cèdre, tonnelles odorantes, bananiers élancés, Arabes accroupis ou couchés le long des murs, tout vous surprend, tout vous étonne. Tout à coup, à travers une porte entr'ouverte, vous apercevez l'intérieur du monument. C'est une vraie forêt de piliers gigantesques. Placés à quatre mètres les uns des autres, ils supportent des arceaux étrangement festonnés par de bizarres découpures et forment une série de onze travées.

Votre curiosité est excitée; entrez, et elle sera satisfaite. Mais avant de franchir le seuil ayez soin d'ôter vos chaussures. Les dalles sont couvertes de nattes et de tapis ; les croyants s'y agenouillent, et, dans leurs ferventes invocations, le visage tourné vers la Mecque, ils appliquent leur front et leurs lèvres sur le sol, que ne doit souiller aucun contact impur. Aussi veillent-ils avec soin à ce que les visiteurs retirent leurs souliers.

L'édifice est rectangulaire. Il est surmonté par des toits à double versant, recouverts de tuiles rouges, « particularité très remarquable, qu'on ne rencontre que dans les plus anciennes mosquées africaines ». Les travées sont parallèles à la petite face du rectangle, et le coup d'œil qu'elles présentent est des plus originaux.

Ce sont tantôt des recoins pleins d'ombre et de mystère, où le sectateur de Mahomet vient prier et méditer, et quelquefois s'endormir ; tantôt de lumineuses échappées sur une seconde cour où jaillit, sous un berceau d'orangers, la fontaine aux ablutions.

Moins grande que la djama Kebir, la djama Djedid ou mosquée neuve a l'aspect plus imposant et l'extérieur plus monumental. Elle est bâtie en forme de croix grecque, avec une vaste coupole ovoïde et quatre plus petites, dans une admirable situation, dominant le port et la baie, et s'offrant la première aux regards de l'étranger. D'après une légende, à laquelle il ne faut ajouter qu'une foi relative, elle aurait été construite par un esclave chrétien.

Il est certain que l'intérieur de la djama Djedid rappelle, à s'y méprendre, nos cathédrales romanes. C'est un vaisseau assez élevé, coupé par deux nefs latérales ; une tribune en bois se dresse à la tige de la croix. « Cette disposition, dit M. Devoulx, lui donne une physionomie particulière; ce n'est pas l'ancien type arabe avec ses nombreux piliers et ses travées étroites, ni la nef carrée entourée de colonnes, c'est plutôt le plan de nos églises. »

Le calme du lieu ajoute encore à l'illusion; et sans les fidèles enturbannés qui se prosternent sur les nattes, sans la fontaine qui jaillit au côté droit du monument, on se croirait dans une basilique.

En visitant cette mosquée, en constatant le caractère chrétien de son architecture, je me suis demandé (après beaucoup d'autres) pourquoi elle n'a pas été choisie pour l'installation du culte catholique. On y aurait certainement gagné sous tous les rapports.

Il nous reste maintenant à voir le plus curieux et le plus pittoresque de tous les édifices religieux d'Alger, la zaouia du marabout Sidi-Abderrhaman-el-Tsa'lbi, distingué par ses vertus et ses travaux sur la théologie et la jurisprudence musulmanes. Ce personnage est en grande vénération parmi les indigènes, et à juste titre : car, au lieu de chercher, comme la plupart des marabouts, qui ne sont que des fourbes ou des fanatiques, à exploiter par tous les moyens la crédulité de ses coreligionnaires, il ne cessa de leur donner l'exemple du travail, du désintéressement et d'une austère piété.

On entend souvent par zaouia un ensemble de bâtiments comprenant, avec des cellules pour les élèves et les étrangers indigents, une mosquée, des koubbas et des fontaines. C'est à la fois un lieu d'étude, d'asile et de prière.

Telle est celle de Sidi-Abderrhaman. Assise au flanc de la montagne, dominant le jardin Marengo et le lycée, bien en vue de la mer, elle est, après celle de Sidi-bou-Médine, près de Tlemcen, la plus belle et la plus riche de toute l'Algérie. Entourée de jardins, elle se compose de deux étages de constructions. On y descend par un escalier à balustrade crénelée. La mosquée est petite; mais le blanc minaret qui la couronne, encadré de trois séries de colonnettes superposées, garni de faïences brillantes et surmonté d'un gracieux clocheton, se détache à ravir sur le fond verdoyant de la colline et les ruines grisâtres des anciennes fortifications. La koubba, de grande dimension, abrite, avec le sépulcre de Sidi-Abderrhaman, ceux de plusieurs autres marabouts. La voûte est ornée de drapeaux et d'ex-voto de tout genre, et des versets du Coran sont écrits sur toutes les parois.

Un cimetière, réservé aux musulmans distingués, occupe la partie inférieure de la zaouia. Quelques tombes sont couvertes de carreaux vernis;

Le muezzin.

d'autres, de petits jardinets encadrés par des plaques de marbre. Un palmier vigoureux s'élève au-dessus de ces constructions et d'un superbe figuier qui ombrage ce champ du repos, tandis que, le long de l'enceinte, les eucalyptus du jardin Marengo dépassent la muraille et s'inclinent sur la balustrade comme des saules pleureurs.

Avec ses tonnelles impénétrables aux rayons du soleil, son palmier, ses coupoles, ses tombeaux fleuris et riants, avec les pèlerins qui s'y succèdent et vont baiser avec respect et se passer autour du cou les chapelets aux grains énormes déposés sur les restes du saint, ce lieu plein de poésie mystérieuse est, selon moi, le plus étrange et le plus intéressant d'Alger.

C'est un coin purement arabe, absolument oriental par le site, la disposition, la lumière, l'architecture, et qui, depuis la conquête, n'a heureusement subi aucune de ces mutilations que les amis de la ligne droite appellent des embellissements.

Grâce aux dons des pèlerins, ce sanctuaire de l'Islam possédait des biens et des revenus considérables. L'État s'est emparé de ces dotations, et se charge en échange de l'entretien des édifices et du traitement des fonctionnaires. On a fait de même pour la plupart des établissements religieux de l'Algérie.

Le personnel d'une mosquée est assez nombreux. Outre l'*oukil,* administrateur chargé du matériel, il comprend plusieurs ordres de prêtres : d'abord le *mufti,* chef de la religion, interprète et commentateur de la loi ; ensuite l'*iman,* qui récite chaque jour dans le *mihrab* les cinq prières obligatoires; le *mueddin* ou *muezzin,* qui monte sur le minaret pour appeler les fidèles et chanter les louanges de Dieu ; le *hazzab* ou lecteur du Coran, et enfin le *thaleb,* lettré qui a étudié les pieuses traditions.

Il n'y a de mufti que dans les centres populeux, à la grande mosquée. Le personnel varie selon l'importance des établissements, et beaucoup de zaouias et de koubbas n'ont qu'un hazzab ou un thaleb qui cumule en même temps les fonctions d'oukil et de mueddin.

C'est avec surprise et émotion qu'on écoute pour la première fois ces appels à la prière et ces invocations au Tout-Puissant, qui commencent et se terminent toujours par ces paroles : « La ilah illa Alla, Mohammed rassoul Alla (Dieu seul est grand, et Mahomet est son prophète.) »

Debout sur sa tour, le prêtre musulman lance aux quatre points cardinaux, de sa voix la plus stridente, sa lente et monotone mélopée, et il hisse en même temps, sur un mât destiné à cet usage, le drapeau blanc ou vert qui avertit les croyants trop éloignés pour l'entendre.

En même temps, non loin de lui, retentit la cloche des églises.

Puissent un jour, comme se mêlent et se confondent dans les airs les vibrations de l'airain catholique et les chants du mueddin, la race arabe et la race chrétienne s'unir dans un même sentiment de concorde et d'amour pour la patrie !

VIII

LES PALAIS DU GOUVERNEMENT

Le gouverneur général de l'Algérie était jadis, après le chef de l'État, le plus puissant personnage, le plus haut fonctionnaire de l'administration française. Son autorité s'étendait, et presque sans limites, sur un immense territoire et sur de nombreuses populations. Il correspondait directement avec le souverain, il réunissait dans sa main le pouvoir civil et le pouvoir militaire ; c'était, en un mot, un vice-roi ou un vice-empereur. Au milieu des difficultés de la conquête, des luttes incessantes contre les Arabes, il aurait été dangereux de confier cette situation à d'autres qu'à des chefs de l'armée, connaissant le pays et ayant acquis, par leurs exploits ou leurs services, une légitime réputation.

Aussi, de 1830 à 1870, voyons-nous se succéder à la tête de la colonie nos généraux les plus illustres. Clausel, Bugeaud, d'Aumale, Cavaignac, Randon, Pélissier, Mac-Mahon, exercent tour à tour, avec des fortunes diverses, ces redoutables fonctions. Redoutables, parce qu'il ne suffit pas, pour les bien remplir, d'être un vaillant homme de guerre, un stratégiste distingué ; il faut être administrateur. Il ne suffit pas de savoir vaincre, il faut savoir coloniser et mettre en pratique la belle devise du vainqueur d'Isly : *Ense et aratro*.

Depuis l'établissement du régime civil, depuis l'assimilation à peu près complète de l'Algérie à la métropole, et surtout depuis les décrets de septembre 1881, qui ont rattaché les différents services à leurs ministères respectifs, les attributions du gouverneur général ont été modifiées. « Il n'a plus de part au pouvoir législatif, il semble entendu qu'il ne rendra plus de décrets. Au lieu d'un budget complet, il prépare des fragments de budget. Il n'administre plus qu'en vertu de délégations spéciales, données par chacun des membres du cabinet. Les ministres, responsables de ses actes devant le Parlement, ont le droit de les contrôler et de les annuler. Mais ce contrôle lointain ne peut être qu'illusoire [1]. »

L'autorité du gouverneur général, quoique réduite, est toujours des plus grandes. S'il n'a plus l'initiative et l'omnipotence d'autrefois, il n'en est pas moins appelé à résoudre directement la plupart des questions algériennes, et à proposer pour celles qui nécessitent une intervention supérieure la solution qui lui paraît convenable. Son avis, on le comprend aisément, pèse d'un grand poids dans la balance. Mais, si son influence est puissante, lourde est aussi sa responsabilité devant le pays et devant l'histoire. Il peut beaucoup pour le bien ou pour le mal de la colonie, et sa tâche est loin d'être facile sur cette terre aux intérêts divers, aux populations hétérogènes, aux passions ardentes et faciles à déchaîner.

Pour naviguer sans sombrer au milieu de tous ces écueils, pour contenir les mécontents, apaiser les rancunes, satisfaire aux exigences légitimes, aux aspirations et aux besoins du pays, modérer les ambitions effrénées et les appétits gloutons, vivre en bonne intelligence avec les corps élus, faire aimer nos institutions en les développant, diriger les Arabes sans les froisser, il faut une main habile et ferme, un esprit prudent et délié, et cette largeur de vues, cette science de l'administration, cette connaissance du cœur humain, cette puissance de travail qui caractérisent les vrais hommes d'État.

La situation a ses inconvénients et ses périls ; elle a aussi ses avantages :

---

1. Maurice Wahl, *l'Algérie*, liv. V, chap. ɪ.

un traitement princier, le prestige d'une autorité quasi-souveraine, et deux somptueuses résidences, le palais d'Hiver et le palais d'Été.

Le palais d'Hiver est situé sur la place Malakoff, à côté de la cathédrale. C'est l'ancienne demeure du pacha Hassen.

Il se compose de deux parties bien distinctes : la maison mauresque, dans laquelle on pénétrait par un étroit corridor qui s'ouvrait sur la rue du Soudan, et la façade construite par le génie militaire du côté de la place Malakoff, pour donner à cette habitation un aspect plus monumental et une entrée plus facile et mieux en vue. Cette façade n'est autre chose qu'un avant-corps de six mètres environ de profondeur...« Elle est ornée d'une porte-véranda à colonnettes de marbre, et de fenêtres également en marbre blanc, d'une forme difficile à classer ; leur couronnement ressemble vaguement à deux ressorts d'acier, luttant avec énergie. Ces fenêtres, *vénitiennes* d'après les uns, *syriennes* d'après d'autres, éclairent au rez-de-chaussée le corps de garde et la loge du concierge ; au premier étage, les cabinets de l'archiviste et de l'interprète ; au-dessus, un salon genre mauresque, à plafond surbaissé et orné d'une coupole dentelée à jour, tamisant l'or du soleil à travers des vitraux de toute nuance[1]. » Ce salon se trouve sur le même plan que la cour intérieure, et son heureuse disposition, ses gracieux ornements, ses fines arabesques, font oublier au visiteur ce que l'extérieur a d'étrange.

L'ancienne maison de Hassen-pacha mérite d'être parcourue. Un maître en l'art d'écrire, Charles Nodier, en a fait en 1839, dans son journal de l'expédition des Portes de fer, une intéressante description.

« Le palais du gouverneur ne répond pas mieux d'abord que la plupart des palais d'Orient à la splendeur de son nom ; mais l'apparence de son extérieur, modeste jusqu'à la simplicité, ne sert qu'à relever par un contraste piquant l'éclat intérieur de ce beau séjour. On parcourt, en entrant, une longue galerie, dont la voûte est sculptée d'arabesques et le pavé couvert de mosaïques ; quelques degrés en marbre conduisent ensuite à une cour carrée, décorée de péristyles superposés, qui forment les trois étages de la maison. Des colonnes de marbre blanc, entourées de baguettes en spirale, et couronnées de riches chapiteaux composites peints et dorés, sup-

---

1. Ed. Dalles, *Alger, guide historique et pittoresque.*

portent des arcs élégants ; dans les étages supérieurs, les colonnes sont unies entre elles, jusqu'au tiers de leur hauteur, par des rampes en bois tourné, remarquables par la délicatesse du travail. Chaque colonne est surmontée d'un pilastre en faïence. Au-dessus de l'entablement règne une frise également en faïence, qui forme, en courant sur les arcs, l'ensemble le plus agréable aux yeux.

« La cour est bordée de plantes grasses, d'arbustes variés, de fleurs odoriférantes, qui mêlent leurs couleurs et leurs parfums ; au milieu, une fontaine élégante lance un jet d'eau continu qui retombe en pluie sur une corbeille de fleurs dont son bassin est le centre.

« Le pavé, les murailles jusqu'à la hauteur de cinq pieds, les marches des escaliers, sont revêtus de faïences émaillées : les parois sont blanchies à la chaux. Chaque étage est composé de quatre galeries à jour ; dans chacune d'elles, de vastes portes s'ouvrent sur de longues pièces dont les fenêtres prennent jour sur la cour ; des divans couverts de brocards règnent partout ; des glaces de Venise, des meubles anciens, quelques meubles modernes placés çà et là, forment une décoration incomplète et peu commode, mais d'un effet pittoresque et piquant. »

Quelques-uns de ces détails ne sont plus d'une rigoureuse vérité : la fontaine a disparu, l'ornementation de la cour a été modifiée, l'ancien vestibule arabe sert aujourd'hui de buffet les soirs de réception ; mais la physionomie générale de l'édifice est la même, et la description de Nodier joint toujours au charme du style le mérite de l'exactitude.

Avec l'archevêché, la bibliothèque-musée, la maison de la rue des Lotophages où demeure le général du génie, le palais du Gouvernement est un des spécimens les plus réussis et les mieux conservés de l'architecture mauresque. Ses vastes proportions en font un séjour des plus agréables et qui se prête admirablement aux fêtes officielles.

Rien d'original, rien de pittoresque comme un bal chez le gouverneur. Après avoir traversé, sur la place Malakoff, la foule de curieux qui assistent, avec force commentaires, au défilé des voitures et des invités, on arrive à la porte-véranda, décorée pour la circonstance de bouquets de palmiers et de bananiers. Des turcos en grande tenue, des spahis au teint bronzé, drapés dans leur manteau écarlate, forment la haie. Pour orner les escaliers, on a dévalisé toutes les serres, et sous les feux de lumières innombrables s'étalent les divers produits de la flore algérienne. On a même emprunté à l'Exposition permanente des tigres, des lions, des guerriers moyen âge, revêtus de leur pesante armure.

A l'entrée de la grande cour, abritée par un vitrage immense et transformée en salon d'honneur, se tiennent les maîtres de la maison. On les salue, et, ce devoir rempli, vous êtes libre d'aller où vous conduit votre fantaisie. Aimez-vous la danse : deux salles immenses vous sont ouvertes, deux orchestres vous appellent, et les plus charmantes danseuses, toujours infatigables, vous accorderont avec la meilleure grâce du monde la faveur d'un quadrille ou d'une polka. Voulez-vous tenter les chances du whist ou de l'écarté : gravissez encore un étage, et dans une admirable galerie, du style mauresque le plus pur, vous trouverez des tables prêtes et de courtois partenaires. Vous plaît-il d'être ébloui : appuyez-vous sur la balustrade aux fines boiseries qui domine la cour, et regardez au-dessous de vous. Le long des murs, au milieu de plantes et de fleurs, sont disposés les bustes des différents gouverneurs généraux. Ils semblent présider à cette fête. Un lustre magnifique répand ses plus vives clartés, et, placés avec art et avec goût, de nombreux lampadaires font ressortir et valoir la riche décoration du palais.

En bas, c'est le tourbillon. Aux sons d'une musique entraînante, les couples gracieux tournent en cadence, se pressent sans se heurter, se mêlent sans se confondre. Les toilettes sont des meilleures faiseuses. La soie et le velours se marient harmonieusement aux diamants et aux pierreries.

Françaises, Algériennes, filles d'Albion, piquantes Andalouses, Russes, Américaines, toutes rivalisent de luxe et d'entrain. De loin en loin, dans la foule, sous le rayonnement des lumières, apparaît comme un météore une danseuse au corsage d'or. C'est une Juive en costume national. Avec son plastron flamboyant, son foulard aux reflets métalliques, sa robe aux vives couleurs, ses bijoux indigènes, elle se montre aux regards étonnés comme une vision de l'Orient, une évocation des *Mille et une nuits*.

Les uniformes des officiers, les broderies des agents diplomatiques et des fonctionnaires, les habits noirs des simples mortels, se mélangent de la façon la plus heureuse à ces toilettes étincelantes.

On est sous le charme ; on ne se lasserait pas d'admirer. Mais l'orchestre se tait, et les danseurs se séparent. Pendant que les uns se reposent, que les autres vont au buffet, descendons de notre observatoire et parcourons les diverses pièces qui relient les deux salles de bal. Ici, de sérieux personnages s'entretiennent des nouvelles du jour, des débats de la Chambre ; là, gravement assis sur des canapés peu élevés, des dignitaires musulmans, muftis, aghas, caïds, portant sur leur burnous la plaque du Nicham et la croix de la Légion d'honneur, causent à voix basse, ou écoutent, silencieux, les bruits divers de la soirée. Ces quadrilles, ces valses, qui ont pour nous tant d'attraits, les laissent indifférents, excitent même leur dédain. Pour les Arabes, la danse est exclusivement réservée aux femmes. Ce n'est pas un plaisir, c'est un métier, et un métier déshonorant.

Nos Algériens ne pensent pas de même, et le soleil dore déjà de ses premiers rayons les sommets de la Kasba que l'inévitable cotillon n'est pas encore terminé.

Bien belles sont ces fêtes du palais d'Hiver, mais plus belles sont encore les réceptions du palais d'Été. Les constructions, élevées à différentes reprises dans le style oriental, sont vastes, élégantes, richement ornées ; les jardins sont ravissants. Le coup d'œil est des plus étendus et des plus variés. Au-dessous du palais, coquettement assis sur le penchant de la montagne, s'étalent la ville de Mustapha et le faubourg de l'Agha. On découvre tout le pourtour du golfe, les hauteurs du Sahel, les pointes de l'Atlas, les villages qui se mirent dans l'eau, et la mer sans limites, tantôt unie comme une glace, tantôt soulevée par les vents.

Cette perspective infinie, les frais ombrages des bosquets, la magnificence des corbeilles fleuries, font du palais d'Été une délicieuse résidence que tous les gouverneurs de l'Algérie se sont plu à embellir.

Et quand, par une nuit sereine, par une brise tiède et embaumée, avec la Méditerranée pour horizon, le ciel étoilé pour dôme, ces pavillons et ces parterres sont brillamment illuminés ; quand de féeriques girandoles courent d'arbre en arbre, de terrasse en terrasse ; quand un orchestre invisible mêle aux bruits de la baie, au murmure de la foule, ses douces symphonies ; quand sous les massifs d'aloès et de citronniers resplendissent tout à coup, aux clartés des feux de Bengale, les uniformes chamarrés et les miroitantes parures, l'heureux spectateur doit se demander s'il n'est pas le jouet d'un rêve, et s'il n'a pas été transporté subitement dans ces demeures des khalifes dont Schcherazade célébrait les merveilles, ou dans ces bocages d'Armide dont le Tasse a si bien décrit les enchantements et les splendeurs.

IX

LA MAISON MAURESQUE

Nos maisons sont nos prisons, dit un vieux proverbe. Il ne saurait être mieux appliqué qu'aux habitations des Algériens. Avec leur aspect sévère et claustral, leurs murailles percées de rares et étroites lucarnes, on les prendrait pour de vastes cachots et non pour de belles demeures.

Quand elles sont isolées, au milieu de bosquets de verdure, suspendues au flanc des montagnes, elles font plaisir à voir, avec leur masse blanche que dominent les palmiers ; mais dans l'intérieur des cités, quand on ne se place pas au point de vue du pittoresque et de la perspective, quand on les considère séparément, elles ne présentent aucun attrait.

En Europe, nous aimons les grandes lignes architecturales. Cédant à ce besoin de paraître qui caractérise les civilisations avancées, nous sacrifions trop souvent au luxe du dehors le bien-être du dedans. Il n'est pas nécessaire qu'une maison soit commode et bien aménagée, il suffit qu'elle attire l'œil par ses sculptures, ses balcons, ses proportions imposantes et savamment réglées.

Ici, c'est tout le contraire. L'Arabe est égoïste, il veut jouir seul de ses biens, et il tient à ce que sa demeure soit indifférente au passant et n'éveille pas son attention.

Opulentes ou modestes, toutes les maisons mauresques sont construites d'après le même plan et la même méthode. « Ce n'est au fond, dit M. Piesse, que la maison antique du vieux Midi et du vieil Orient, ne portant que dans l'arc en fer à cheval, cintré en tiers-point, l'empreinte de sa nationalité. » C'est toujours, c'est partout, chez le plus riche pacha comme chez le plus pauvre artisan, un quadrilatère dont les côtés, à un ou plusieurs étages, sont surmontés d'une terrasse. Vues de haut et de loin, ces maisons ressemblent à de grands puits carrés bordés de margelles énormes.

Il n'y a pas de façade. Des murs élevés, nus, blanchis à la chaux ; de

Intérieur algérien.

petites fenêtres, garnies de solides grillages et irrégulièrement placées ; une porte massive, munie de clous à grosse tête, encadrée dans des montants de marbre ou de pierre, voilà pour l'extérieur. Aucun luxe, aucun autre ornement que les rosaces de la porte. Il y en a qui sont de vrais bijoux de ciselure. De larges auvents en bois de cèdre ou de thuya les protègent, comme les marquises des demeures européennes.

Vivant d'une vie retirée, cachant leur existence et leurs richesses, les Maures ont réservé pour l'ornementation intérieure de leurs maisons tout leur goût et tout leur art. Colonnes de marbre aux délicates cannelures, arceaux à ogives élégamment dessinés, balustrades en bois précieux, grandes portes aux riches panneaux, plafonds aux fines arabesques ou aux éclatantes peintures, fontaines jaillissantes, tout se trouve réuni pour faire de ces habitations, à l'apparence si modeste, un séjour commode, agréable et admirablement approprié aux habitudes du pays et aux exigences du climat. Autant le dehors est simple et commun, autant le dedans est riche et bien orné.

La porte qui donne sur la rue ne communique jamais avec les appartements. On entre d'abord dans un vestibule plus ou moins spacieux, selon l'importance de la demeure et la richesse du propriétaire. C'est la *skiffa*. Des deux côtés, sous de gracieux arceaux soutenus par de charmantes colonnettes, se montrent des bancs de marbre, destinés aux visiteurs, aux amis ou aux clients. L'Arabe ne permet à aucun étranger d'aller plus loin, si ce n'est dans les grandes occasions. Seuls, les parents très rapprochés sont autorisés à pénétrer plus avant. C'est dans la skiffa que se traitent les affaires ; elle tient place à la fois de cabinet et de salle d'attente.

On arrive ensuite dans une cour, bordée sur ses quatre faces de larges galeries. Si la skiffa sert de salle d'attente, la cour est utilisée pour les cérémonies, pour un mariage, comme salle de réception. Les pavés sont couverts de nattes et de tapis, et pour protéger les assistants contre la pluie ou les ardeurs du soleil, on déploie un vaste velum.

Autour des galeries du bas sont les pièces qu'on n'habite pas ordinairement, cuisines, salles de bain, et quelquefois la citerne qui sous la domination turque était de rigueur dans toutes les maisons d'Alger. Les pavés du vestibule et de la cour, les marches des escaliers, les colonnes, les jambages des portes, tout est en marbre. Les murs sont décorés de faïences de toutes couleurs habilement mélangées. Le premier étage reproduit exactement les dispositions du rez-de-chaussée. Là se trouvent les appartements. Des fenêtres carrées, peu élevées, munies de grillages en bronze, ne laissent pénétrer qu'une lumière douce et discrète. Il y a quelquefois un second étage.

Au-dessus est la terrasse, où les hommes se promènent le jour, où les femmes ne vont que la nuit, pour respirer la brise marine.

« En somme, rien de mieux compris, sous un climat chaud, que la maison mauresque avec ses galeries, ses portiques, ses ventilateurs finement évidés, ses appartements oblongs, ouverts sur une cour intérieure rafraîchie par une fontaine [1]. » C'est un séjour de calme et de repos, bien propre à la méditation, à l'étude ou à la rêverie. Les bruits du dehors n'arrivent pas dans ces paisibles demeures ; on est isolé au milieu de la foule ; et c'est surtout par cette solitude, cette tranquillité, ces précautions de toutes sortes contre les regards indiscrets, que se révèlent l'humeur jalouse et la nature indolente et contemplative des Orientaux.

Une visite de quelques heures dans une vieille maison mauresque en apprend plus sur le caractère et les habitudes des indigènes que les meilleures descriptions et les relations les plus étudiées.

X

LA BIBLIOTHÈQUE-MUSÉE

Depuis la conquête, de nombreuses imitations de l'architecture mauresque se sont élevées sur les collines qui entourent Alger. On en trouve de remarquables à Mustapha, à El-Biar, à Saint-Eugène. Une des plus belles que j'aie vues est la maison qu'un honorable industriel d'Hussein-Dey, M. Narbonne, a fait construire à grands frais, dans une charmante situation, au bout d'une magnifique avenue de palmiers. C'est un vrai musée que cette habitation. Son propriétaire y a accumulé depuis vingt ans tous les objets rares ou précieux que le hasard, cette providence des chercheurs, lui a fait découvrir. Colonnes de marbre torses et géminées, portes à panneaux

---

1. Piesse, *Itinéraire de l'Algérie.*

de cèdre, balustrades de thuya ou d'acajou, faïences aux tons variés, grilles de bronze, s'y rencontrent à chaque pas, et, quoique de provenances diverses, étonnent sans choquer, tant elles ont été disposées avec goût et placées avec art. Un vaste jardin, dont plusieurs oliviers séculaires aux troncs noueux et énormes ne forment pas le moindre ornement, entoure cette riche demeure, dont le maître fait les honneurs avec une bonne grâce sans pareille.

Mais quel que soit le talent des architectes qui les ont construites, ces maisons modernes, percées de nombreuses ouvertures, n'ont pas cet air discret, ces ombres, ces retraites, ce mystère, qui distinguent les vieilles résidences mauresques.

Pour bien s'en rendre compte, il suffit de visiter le spécimen le plus curieux et le mieux conservé, selon nous, de l'architecture algérienne, l'ancien palais de Mustapha-pacha, où est installée aujourd'hui la bibliothèque-musée. Nous avons déjà décrit la maison mauresque ; nous n'y reviendrons pas ; nous nous contenterons de dire qu'il n'y a pas ici d'habitation plus intéressante à parcourir. Nulle part le marbre n'est plus abondant, les colonnettes plus ornementées, les faïences plus éclatantes ; mais ces pièces aux recoins obscurs, ces sombres galeries sont-elles bien appropriées à leur destination? Les livres, les cartes, les plans, y sont empilés et dispersés dans dix ou douze salles ; les statues antiques, les objets d'art arabe, les inscriptions puniques ou berbères, y sont exposés en plein air et dans un jour peu favorable.

Il est à souhaiter que l'État, si généreux aujourd'hui quand il s'agit des choses de l'art ou de l'esprit, ne laisse pas trop longtemps dans une installation aussi défectueuse les précieux dépôts dont il s'est assuré la propriété et dont il a la responsabilité. Il faut à la bibliothèque et au musée d'Alger, qui dépendent directement, depuis le 5 mai 1870, du ministère de l'instruction publique, au lieu de ce palais arabe, curieux sans doute, mais insuffisant, un monument plus vaste et plus commode, digne de la science et du pays.

« La bibliothèque d'Alger est incontestablement appelée à devenir l'un des établissements scientifiques les plus importants du bassin de la Méditerranée. Située au centre d'une des contrées les plus historiques de l'ancien monde, au cœur d'une vaste région géographique et ethnographique, dont l'exploration complète exigera encore de longues années, placée à la tête d'un pays où se développe une colonisation chaque jour plus puissante, à la porte des terres mystérieuses de l'Afrique centrale, elle doit être pour les populations mêmes de l'Algérie et pour les voyageurs européens, un riche dépôt de connaissances et de renseignements de toute nature. »

Vraies en 1871, au moment où les exprimait M. Mac-Carthy, ces idées sont devenues de plus en plus justes et de plus en plus applicables, aujourd'hui surtout que l'occupation de la Tunisie, la création d'un Institut algérien, l'organisation de nombreuses missions scientifiques et le dévouement de savants et hardis explorateurs permettront de mieux étudier et de mieux connaître nos possessions africaines.

Dès 1835, on avait songé à recueillir et à réunir les ouvrages et les documents se rapportant à l'histoire de la colonie. Ce n'est qu'en 1838 que la bibliothèque fut constituée avec les dons provenant des divers départements ministériels et les manuscrits trouvés à Alger, Tlemcen, Mascara, Constantine, par M. Berbrugger, qui en fut le premier conservateur. Installée d'abord dans une ancienne caserne de janissaires, elle fut ensuite transportée dans une maison de la rue des Lotophages, et en troisième lieu dans le palais de Mustapha-pacha. Espérons que ce ne sera pas à titre définitif; car si ce palais est agréable et pittoresque, il est aussi des plus incommodes et pour les bibliothécaires et pour les travailleurs. Sans doute, les salles de lecture sont bien placées, donnant sur une cour fraîche et ombreuse, garnie à son centre d'un massif de plantes et de fleurs d'où s'échappe un jet d'eau dont le doux et monotone murmure invite au recueillement et à l'étude; sans doute, quand, dans la pièce où sont les manuscrits, quelques tolbas, avec leurs larges turbans et leurs vastes burnous méditent sur quelque page ancienne ou discutent sur quelque point de controverse religieuse, on ne saurait trouver, pour un pareil tableau, de cadre mieux approprié que cette vieille demeure; mais les chambres où sont les livres (ce ne sont que des chambres), avec leurs recoins sombres, leur lumière douteuse, leurs communications difficiles, rendent très longues et très laborieuses la recherche et la distribution des ouvrages, et nous font de plus en plus regretter ces bibliothèques de France, immenses, bien éclairées, où des milliers de volumes sont méthodiquement classés.

Le conservateur actuel, M. Mac-Carthy, est un érudit et un archéologue des plus distingués, un géographe très apprécié, pour qui l'Algérie n'a plus de secrets. Il ne se contente pas d'être un savant, il est aussi un homme aimable et complaisant, chose rare parmi les bibliothécaires de la vieille école. A force de vivre au milieu des bouquins, ils finissent par s'en considérer comme les propriétaires, et ne les prêtent qu'à regret. A Alger, c'est tout le contraire. Non seulement M. Mac-Carthy vous donne sans rechigner ce que vous lui demandez; mais s'il connaît l'objet de vos études, il vous indique les recherches à faire, les auteurs à consulter, et met à votre disposition sa science de bénédictin. Grâce à ses efforts, le dépôt dont il a la garde prend de jour en jour plus d'extension et d'importance. Aucune publication sérieuse n'est signalée, surtout si elle intéresse l'Algérie, aucune ruine n'est mise à jour, aucune antiquité n'est découverte, sans que le laborieux conservateur ne mette tous ses soins à l'acquérir.

Aussi, malgré son maigre budget, cinq mille francs par an, la bibliothèque d'Alger voit-elle ses richesses s'accroître d'année en année. Elle possédait, au 1er octobre 1875, plus de huit mille ouvrages formant dix-sept mille huit cent cinquante-deux volumes et mille sept cent quatre manuscrits arabes; on y compte aujourd'hui près de trente mille volumes, sans parler des cartes, des plans, des autographes, des estampes rares.

On y trouve presque tout ce qui a été écrit sur l'Algérie; c'est certainement la collection la plus complète qui existe.

Pour ce qui est des manuscrits, dont le catalogue a été dressé avec autant d'exactitude que de compétence, il y en a de très importants, non seulement pour l'histoire locale, mais aussi pour l'histoire des Arabes et pour l'histoire générale.

Assurément, la bibliothèque d'Alger, qui n'a pas encore un demi-siècle d'existence, est loin de pouvoir être comparée aux établissements analogues de France; mais avec les dons des particuliers, les envois des ministères, les secours de l'État, elle ne tardera pas à devenir un dépôt des plus utiles.

Le musée est installé dans la même maison que la bibliothèque. Il n'y a pas de tableaux. Les œuvres de peinture ont été déposées dans la salle de la Société des Beaux-Arts, où on peut admirer des toiles d'Horace Vernet et de Morel-Fatio. Ici, on ne voit que des antiquités. Le musée arabe est curieux à visiter avec ses objets aux formes étranges : un coffre-fort aux serrures compliquées, des aiguières, des plats en cuivre, un astrolabe recueilli à

Tuggurt, le plus complet qui soit connu. Puis viennent tour à tour le moulage de Geronimo, obtenu dans le bloc même de pisé où le martyr fut enseveli vivant, des sarcophages, des statues et des fragments de statues, l'hermaphrodite de Cherchell, des moulins antiques, des briques romaines, des inscriptions de toutes sortes, les bas-reliefs de Carthage, les médailles et les monnaies, et les admirables mosaïques restaurées par M. Latour avec tant de goût et de succès.

C'est bien là le musée algérien par excellence. Toutes les villes de la colonie ont contribué à le former, et, quoique s'augmentant tous les jours, les collections qu'il renferme sont déjà des plus précieuses pour l'histoire et pour l'ethnographie.

XI

L'EXPOSITION PERMANENTE

Avec ses nombreux ouvrages, ses plans, ses estampes, ses inscriptions et ses sculptures, la bibliothèque-musée offre toutes les facilités désirables pour étudier et connaître en peu de temps l'histoire et les mœurs des peuples qui se sont succédé, depuis la domination romaine, sur les territoires du nord de l'Afrique. L'Exposition permanente permet d'embrasser d'un coup d'œil et d'apprécier en quelques heures tous les produits de l'Algérie.

Due à l'intelligente initiative du commandant Loche, qui consacra la plus grande partie de sa vie à l'organiser, confiée aujourd'hui à la garde de sa veuve, l'Exposition permanente est certainement un des établissements les plus utiles et les plus intéressants de notre colonie. On l'a dit avec raison, c'est le prospectus de l'Algérie. Et non pas un prospectus plein de fausses promesses et de vaines affirmations, mais un prospectus qui parle aux yeux. C'est la vérité qui s'impose.

Et cependant cette Exposition est bien peu fréquentée. Les Algériens n'en connaissent pas le chemin, et l'étranger, en présence du nombre et de la variété des produits qui s'y trouvent, s'étonne à bon droit de cette indifférence.

Pour notre part, nous y sommes plusieurs fois revenu, et toujours avec un nouveau plaisir.

Ouverte en 1854, l'Exposition permanente fut installée en 1866 dans les voûtes du Boulevard. Elle y occupe six vastes pièces, que nous allons rapidement parcourir, deux vestibules et quatre salles.

On remarque dans les vestibules une table en bois de cèdre d'un seul morceau, de un mètre cinquante centimètres de diamètre, un plafond arabe multicolore, aux délicates sculptures, et un petit monument où on a réuni, par une idée ingénieuse, des spécimens du marbre des trois provinces : une colonne en onyx translucide d'Aïn Tekbalet (province d'Oran), reposant sur un socle en marbre blanc de Filfila (province de Constantine), et surmontée d'une légère pyramide en marbre veiné du cap Matifou (province d'Alger).

On voit ensuite, dans la première salle : les instruments aratoires un peu primitifs dont se servent encore les Arabes, des burnous de Géryville, des haïks d'Aumale et de la Kabylie, des tapis de Tittery et de Nemours, tapis de haute laine dont les couleurs éclatantes ont presque disparu sous l'action du temps et de la poussière, mais qui sont toujours souples et moelleux au toucher et épais comme une toison. Viennent ensuite les toiles de lin de Dellys, fines et résistantes à la fois. Puis de belles panoplies, des tables mauresques incrustées de nacre et une superbe collection de bijoux kabyles : colliers, bracelets, broches, plateaux richement ciselés en vieil argent et garnis de corail. Au milieu, la décoration instituée par l'émir Abd-el-Kader pour ses réguliers. Ce n'est ni une croix ni une médaille, c'est une espèce d'agrafe de forme demi-circulaire. Les pipes et les narghilés, ce complément obligé de toute installation orientale, tiennent aussi une large place. A côté sont des glaces, magnifiquement encadrées. Une tente de Touareg, en cuir, comme tous les objets de ces sauvages tribus, attire l'attention. Enfin, comme il faut mêler l'utile au pittoresque, une collection des plus nombreuses et des plus variées, étiquetée avec

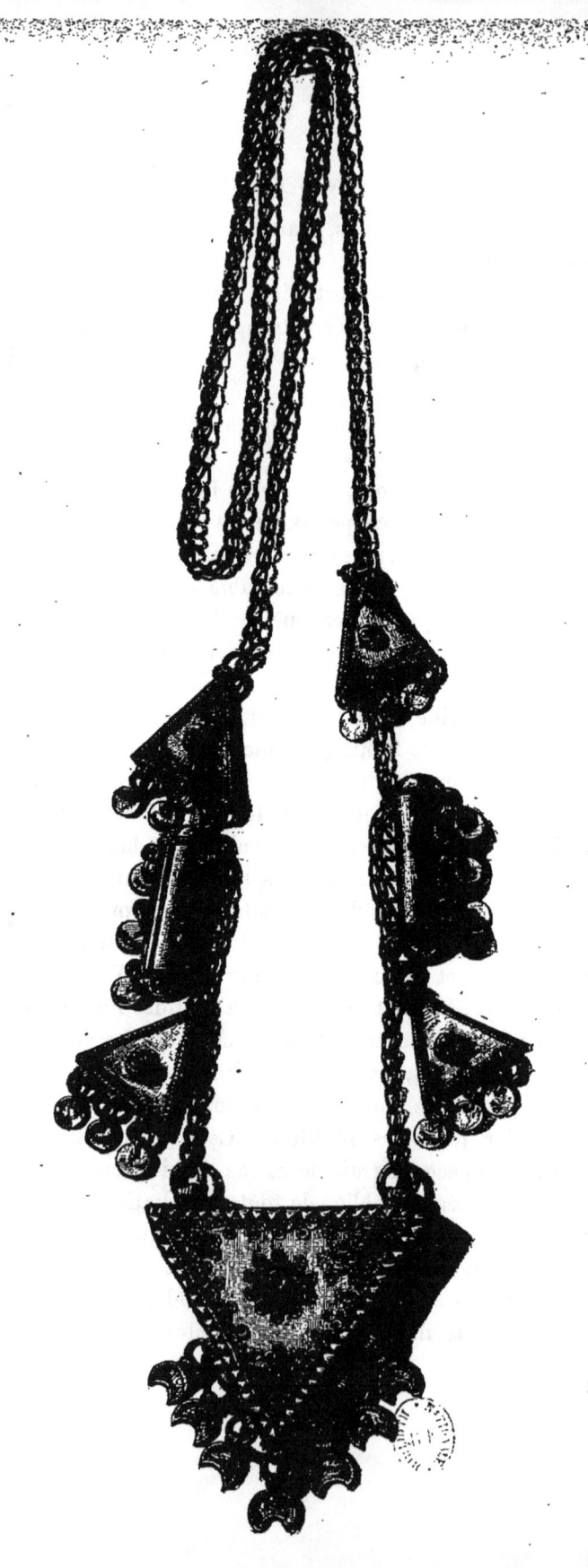

exactitude et entretenue avec soin, renferme la plupart des produits minéralogiques de l'Algérie.

Dans la deuxième salle, on trouve un vieux plateau en cuivre, représentant la Tentation, ayant servi aux Juifs pour la Pâque, des râteliers

Combat entre un Targi et un Arabe.

faits avec des cornes de gazelles, de grandes cruches kabyles et des porte-turbans, découpés au couteau par les Arabes, merveilles de travail et de patience que nous ne saurions mieux comparer qu'à ces objets si délicatement fouillés, œuvre de plusieurs années de labeur, que les forçats vendaient autrefois dans les bagnes.

Une lampe en cuivre à six becs, prise à la Kasba en 1830, et ayant appartenu au dey, donne une bonne idée des anciens ouvriers algériens. Des berceaux frappent les yeux par leur forme et leurs couleurs. Nous ne parlerons pas du *balaffon,* piano nègre du Sénégal, dans lequel des courges sèches remplacent la table d'harmonie; nous avons hâte d'en venir à la vitrine où sont les armes. C'est une industrie bien déchue aujourd'hui, mais qui a été des plus florissantes, et dont cette Exposition ne fait que plus vivement regretter la décadence.

Fusils kabyles et marocains, longs *moukkalas* garnis d'ivoire, de nacre et d'argent, pistolets aux incrustations de corail, sabres, yatagans, coutelas aux fourreaux en velours ou en métal repoussé, vous attirent tour à tour et vous offrent une série d'armes aussi curieuses par leur richesse que par leur rareté.

A côté, et comme contraste, simples mais solides, dans leurs étuis en peau, les poignards, les flèches et les fers de lance des Touaregs ou Targis, ces pirates du désert, avides de sang et de pillage, et presque aussi redoutables pour l'Arabe que pour l'Européen.

Puis les poteries, les amphores, les lampes kabyles en terre cuite, les robes du Soudan tissées par bandes et cousues, des éperons énormes, des cuirs ouvragés, se présentent successivement. Une selle en velours rouge brodée d'or, une chaise à porteurs, des costumes de femme, des toilettes de mariées, une abondante provision de laines, de lins et de ramies, des éventails, des écharpes, des chaussures, charment tour à tour les yeux ou éveillent la curiosité. Les instruments de musique arabe, tambourins en poterie, castagnettes en fer au bruit aigre et discordant, rebecs à la forme antique, flûtes en roseau, sont aussi représentés par d'authentiques échantillons.

Le délicieux tabac de Chebli et les autres tabacs de l'Algérie s'y trouvent également, soit en feuilles, soit manufacturés, non loin d'une belle collection de poids et de monnaies.

Enfin, à la place d'honneur, sur un magnifique coussin, on admire, avec leur brillante dorure, les clefs de la ville d'Alger.

La troisième salle ne contient, en fait d'objets d'art, qu'une lampe en cuivre fabriquée par les nègres. Elle est surtout consacrée aux productions agricoles. Les vins de Médéa et des autres crus renommés, les orges et les blés, les huiles, les cires, les légumes surmoulés, les soies en cocons et filées, les cotons, les diverses plantes, y occupent une grande place. Mais la faune, l'entomologie et la conchyliologie n'y sont pas oubliées. A côté des insectes et des coquillages se dressent, comme s'ils étaient encore en vie, les divers mammifères de la région : lions à l'épaisse crinière, guépards, hyènes, chacals, porcs-épics, sangliers aux rudes défenses, gracieuses antilopes, mouflons du Djebel-Amour, panthères, zorilles, singes de la Chiffa ou de Palestro.

Il y a, de plus, un superbe échantillon de corail pêché au cap Fegalo, dans la province d'Oran.

La quatrième salle est réservée aux plantes textiles, aux différentes essences forestières et à l'ornithologie. Le chêne-liège, qui donne de si beaux produits ; le pin, l'eucalyptus, qui rend tant de services dans les contrées fiévreuses ; le pistachier, au grain si fin ; le thuya, incomparable comme bois d'ébénisterie ; les cèdres de Batna et de Teniet-el-Haad (un mètre quatre-vingts centimètres de diamètre), montrent quelles ressources et quels profits on peut tirer des forêts de l'Algérie. Les tissus d'alfas et de mauves, les cordes, les carnassières fabriquées en fibres d'aloès, témoignent de la fécondité merveilleuse de ces contrées, où rien ne manque à l'homme de ce qui peut assurer son bien-être matériel.

Les restes d'un ruminant fossile trouvés près de Djelfa et dont les cornes mesurent près de deux mètres de longueur, une grande variété de reptiles, quatre cents espèces d'oiseaux, un herbier des mieux assortis, complètent cette Exposition, dont la veuve du commandant Loche est heureuse et fière de faire les honneurs. C'est un tribut de pieuse reconnaissance qu'elle paye à la mémoire de son mari, et il est fâcheux que le gouvernement et la municipalité ne fassent aucun effort ni aucun sacrifice pour donner à cet établissement le développement qu'il mérite à tant de titres.

En deux heures passées sous ces voûtes, on connaît mieux notre colonie dans sa flore, sa faune, son industrie, son agriculture, qu'en un mois de voyages pénibles et de recherches difficiles.

L'Exposition permanente est une œuvre de vulgarisation et de patriotisme qu'on ne saurait trop recommander à tous les amis de l'Algérie, à tous les enfants de la France, dont l'Algérie est le plus beau joyau colonial.

XII

LES BERBÈRES

La population de l'Algérie est singulièrement mélangée. Elle se divise en deux grandes races : la race européenne et la race indigène.

Cette dernière comprend six éléments : trois principaux, les Berbères, les Arabes et les Israélites ; et trois secondaires, les Maures, les Coulouglis et les Nègres.

Nous allons étudier successivement chacune de ces races.

Les Berbères sont les autochtones. On ne sait pas encore à quelle époque remonte leur établissement dans le nord de l'Afrique, on ne le saura peut-être jamais, tant cette contrée a été bouleversée et a subi d'invasions et de révolutions politiques, sociales et religieuses. *Kabyles* quand ils occupent les montagnes du littoral, *Chaouïa* quand ils se trouvent dans l'Aurès méridional, *Mozabites* quand ils habitent les oasis du sud de l'Algérie, à la limite du désert, *Touaregs* quand ils vivent dans le Sahara même, les Berbères, d'après de savants ethnographes, sont les descendants directs des Numides et des Garamantes. Quelques tribus, comme les Aït-Fraoucen, prétendent à une autre origine. D'après leurs traditions, ceux-ci remonteraient à une colonie gauloise ou plutôt franque, qui aurait été amenée sur la côte africaine, à une date indéterminée et dans des circonstances inconnues.

Rien d'étonnant à cela. Nos pères étaient d'humeur voyageuse, témoin leurs courses en Asie. Et sans remonter aussi haut, qui sait si à l'époque des croisades, quand saint Louis alla mourir sous les murs de Tunis, quelque galère n'alla pas chercher dans les golfes de Djijelli ou de Bougie un abri contre la tempête? Quoi qu'il en soit, de tous les types indigènes de l'Algérie, le Berbère, ou pour mieux dire le Kabyle, est celui qui se rapproche le plus, comme teint, comme forme du visage, comme couleur des cheveux, du type européen.

Habillez à la française un Kabyle de pure race; s'il est brun, vous le

Jeune femme kabyle parée de tous ses bijoux.

prendrez pour un Provençal ou un Languedocien; s'il est blond, car il y a des Kabyles blonds, pour un Franc-Comtois ou un Lorrain.

Et ils n'ont pas seulement les traits de nos cultivateurs et de nos artisans, ils ont aussi leurs habitudes de travail, d'ordre et d'économie. Nomades au début, comme tous les peuples pasteurs, ils ont été chassés et refoulés dans leurs montagnes, véritables nids d'aigle, par les conquérants qui se sont succédé sur cette terre de Mauritanie, si féconde en glorieux souvenirs. Ils ont dû modifier leur manière de vivre et demander à l'agriculture et à l'industrie les ressources qu'une existence errante leur fournissait avec moins de fatigues. Jaloux de leur indépendance, réfugiés sur leurs pics qu'ils croyaient inaccessibles, ils ne reconnaissaient aucune autorité et se gouvernaient eux-mêmes. Ils essayaient de se suffire. Aussi

Types touaregs.

nulle part en Algérie l'industrie n'est-elle développée comme elle l'est, — disons mieux, — comme elle l'a toujours été en Kabylie. Les vallées y sont verdoyantes, les coteaux couverts d'oliviers gigantesques, de figuiers et de vignes dont les raisins rappellent ces grappes de Chanaan si vantées par la Bible ; aucun coin de terre ne reste improductif.

« Rien ne rebute ces durs travailleurs, dit M. Wahl ; quand les terrains sont trop déclives pour qu'on puisse s'y tenir d'aplomb, ils s'attachent à des cordes, et, suspendus par la ceinture, labourent à la pioche. »

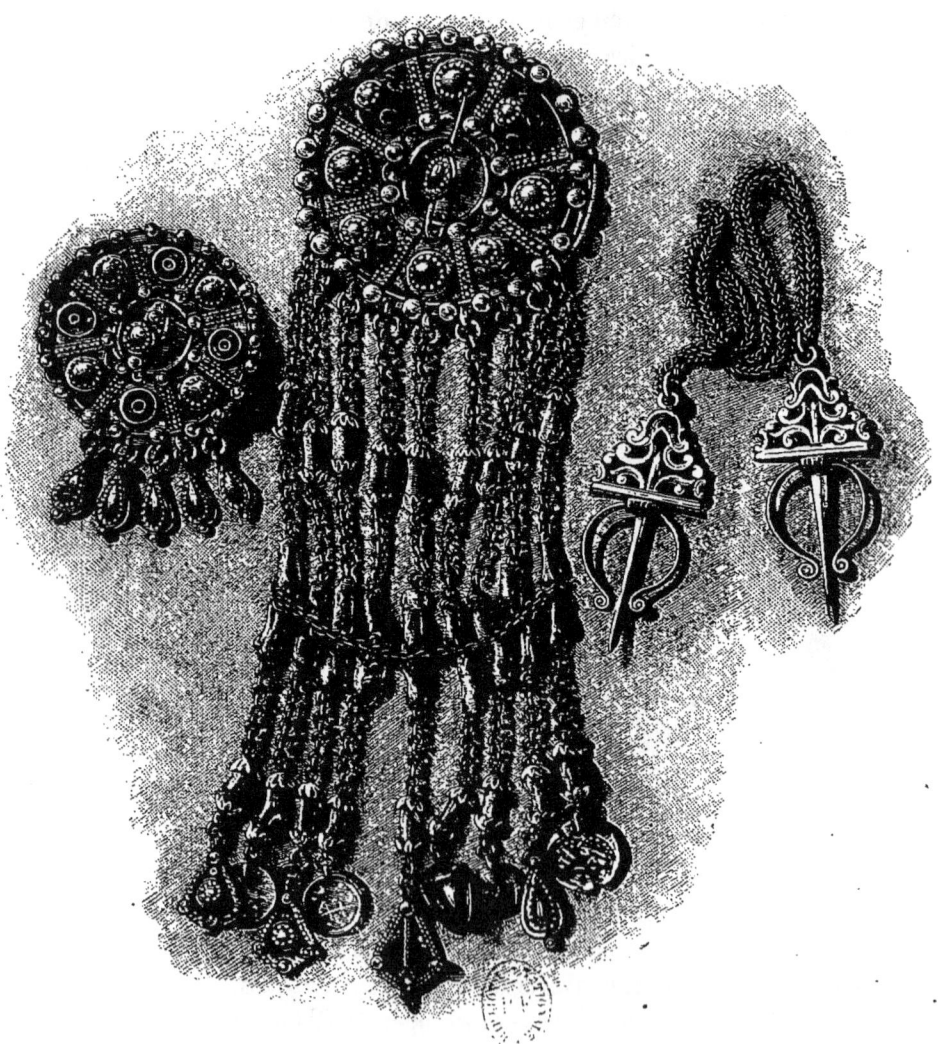
Bijoux kabyles.

Les villages, toujours placés sur les hauteurs, ressemblent à s'y méprendre, vus de loin, à nos villages de France. Quand on les voit de près, l'illusion se dissipe. Les maisons ne sont que des cabanes aux toitures disjointes, au pavé boueux, où bêtes et gens vivent pêle-mêle, dans une

Un Targi (Touareg).

atmosphère viciée. Les rues ne sont que des ruelles, pleines de fumier et de détritus de tout genre. Malgré le peu d'attrait de ces demeures, le Kabyle s'attache au sol; il aime cette terre qui le nourrit. Il ne se contente pas d'être agriculteur, il est aussi maçon, forgeron, armurier, orfèvre. Un mauvais étau, deux fourneaux primitifs, une peau de bouc pour ventilateur, une lampe à chalumeau pour faire les soudures, quelques creusets, lui suffisent pour fabriquer, avec des douros d'Espagne comme matière première, ces bracelets, ces broches, ces colliers, ces anneaux remarquables par leur délicatesse et leur originalité. Les armes des Kabyles, fusils, pistolets, poignards et couteaux, sont curieuses par leurs incrustations de nacre, d'argent ou de cuivre. Ils confectionnent aussi de belles poteries dont les formes étrusques remontent certainement à la domination romaine.

Quand la terre natale ne suffit pas à le nourrir, quand l'industrie est en souffrance, le Berbère émigre, comme nos Savoyards ou nos Limousins. Tantôt il descend dans la plaine, et va offrir ses services aux colons, toujours à court de bras, surtout au moment de la moisson; tantôt il se rend dans les villes, où le travail largement récompensé ne manque jamais aux hommes de bonne volonté. Sobre, infatigable, économe jusqu'à l'avarice, d'une honnêteté reconnue, il amasse sou par sou le petit pécule indispensable pour devenir plus tard, dans sa montagne, le maître heureux d'une femme, le propriétaire envié d'une maison et d'un jardin.

Il n'a aucune prétention à l'élégance. Ses vêtements sont des plus simples : sur la tête, une chechia, bonnet ou plutôt calotte de laine rouge; autour du corps, une large chemise en étoffe des plus communes, serrée à la taille par une ceinture. Ce n'est qu'en voyage qu'il endosse le burnous qui lui sert à la fois de manteau, de couverture et de garde-manger.

La Kabylie a gardé jusqu'en 1871 ses institutions municipales, et toutes les affaires des communes, *thaddart*, se traitaient sur la place, comme dans les républiques de l'antiquité.

Les questions étaient moins importantes, mais les discussions n'étaient pas moins agitées ni moins tumultueuses sur les plateaux du Djurjura que sur le forum de Rome ou l'agora d'Athènes. Les élections ne se faisaient pas toujours sans effusion de sang, et les séances se terminaient trop souvent par des coups de fusil.

Nous avons respecté, dans la mesure du possible, les coutumes des Kabyles.

Chaque commune est encore régie par une *djemaa*, qui se compose : d'un *amin*, président; d'un *oukil*, trésorier; de *dahmans*, adjoints, et d'*euquals* ou conseillers. L'amin ne peut rien faire sans consulter ce conseil, qui se réunit une fois par semaine, ordinairement le vendredi, jour de fête des musulmans. La djemaa a des pouvoirs judiciaires et administratifs assez étendus, qui s'exercent sous la surveillance des autorités françaises.

Au point de vue de la législation civile, le Coran n'est pas ici la loi suprême ; le droit coutumier des *Kanoun* a plus d'autorité. En religion même, quoique très superstitieux et très attachés à leurs marabouts, qui les fanatisent aisément, les Berbères se permettent volontiers d'assez graves infractions à la règle de Mahomet. Ils mangent sans peine du sanglier, qui abonde dans leurs montagnes, quoique le Coran considère comme impure la chair de cet animal. Leurs femmes sont plus libres que les femmes arabes : elles peuvent manger en présence du mari, se montrer à visage découvert, aller librement dans le village et se réunir à la fontaine.

La polygamie est à peu près inconnue chez les Kabyles ; aussi leurs compagnes y jouissent-elles d'une considération qu'elles n'ont pas chez les Arabes ou chez les Maures. Vaillantes et déterminées, elles prennent part à tous les actes de la vie, travaillent avec les hommes, les suivent même à la guerre pour les panser, s'ils sont blessés, quelquefois même pour les venger, s'ils périssent.

Les Berbères ont leur idiome particulier ; mais il ne s'est conservé dans toute sa pureté que chez les Touaregs.

De tous les musulmans algériens, par son attachement au sol, ses habitudes d'ordre et d'épargne, son ardeur au travail, son désir de s'instruire, le Kabyle est assurément le plus facile à assimiler. Il n'est pas insaisissable comme les indigènes qui vivent sous la tente ; on peut exercer sur lui une action continue, et le jour où les écoles qu'on vient de créer seront en pleine activité, le jour où les laborieuses et intelligentes tribus du Djurjura et de l'Aurès pourront apprécier et reconnaître les bienfaits de la civilisation, le jour où l'étroit fanatisme aura fait place aux idées de tolérance, nos mœurs et nos usages ne tarderont pas à dominer dans ces riches et pittoresques contrées.

XIII

LES ARABES

Le Kabyle habite la montagne, marche surtout à pied, possède une maison; l'Arabe, au contraire, vit dans la plaine, est un cavalier incomparable et réside sous la tente.

C'est vers le milieu du onzième siècle qu'il s'est établi dans les vastes régions de l'Afrique du Nord, après en avoir chassé les Berbères.

L'Arabe est de race blanche; il est ordinairement vigoureux et de taille élancée. « Il a le visage ovale, le front fuyant, les yeux noirs et vifs, le nez busqué, les lèvres minces, les cheveux et la barbe noirs. »

Sa tête, soigneusement rasée, sauf la petite touffe de cheveux que Mahomet devra saisir pour l'emporter dans le paradis, est sans cesse couverte d'un haïk blanc, retenu par une corde en poils de chameau. Un ou plusieurs burnous maintiennent autour de son corps une température toujours égale, selon qu'il les relâche ou les resserre. Habitué depuis longtemps à ce climat, il en comprend les exigences, et sait se garantir, avec ses habits de laine, contre des variations de température toujours dangereuses.

Sa démarche est lente et noble; il a une dignité native, une belle prestance. C'est un remarquable mélange d'élégance et de force. C'est surtout parmi les habitants du Sahara qu'on trouve le type arabe dans toute sa beauté. « On voit réellement un magnifique spécimen de l'espèce quand un homme de grande tente apparaît drapé dans ses burnous; le vêtement aux larges plis, sans gêner l'aisance des mouvements, les enveloppe d'une ampleur majestueuse; le haïk encadre le visage et en fait ressortir la chaude coloration. »

Malheureusement, la misère, le vice et les maladies qui en résultent ont altéré cette belle race. Elle a cependant conservé ses qualités de vigueur, d'agilité, d'incroyable résistance à la fatigue et aux privations. Quelques

Arabe nomade.

dattes, quelques figues, une mince galette, suffisent à l'Arabe pour soutenir ses forces; et pour se reposer d'une journée de travail ou de marche en plein soleil, sur une route poudreuse, il s'étend sur la dure, couvert de son manteau, et dort aussi paisiblement qu'à l'ombre de sa tente ou de son gourbi.

On en aperçoit tous les jours, soit sur la place du Gouvernement, aux pieds de la statue du duc d'Orléans, soit dans les rues qui mènent à la Kasba, soit sous les arcades du boulevard de la République, soit sur les quais, paresseusement allongés sur le dos et quelquefois la tête en plein soleil. Ni le bruit de la foule, ni le passage des charrettes pesamment chargées qui ébranlent le pavé, ni les sifflements des machines à vapeur, ne peuvent les

Type arabe. (Croquis de Fromentin.)

éveiller. Les escaliers de la Pêcherie en sont quelquefois encombrés. Il faut enjamber pour passer. On les heurte souvent, et sans précaution ; ils ne s'émeuvent pas pour si peu, entr'ouvrent un œil et le referment aussitôt, non sans maudire l'importun qui a interrompu leur repos et leurs rêves.

A côté d'eux, et à portée de leur main, est leur matraque, solide bâton de chêne ou d'olivier, dont ils se servent avec une adresse sans égale. C'est une arme des plus redoutables. Les coups qu'ils assènent sont le plus souvent mortels. Ils l'emploient même comme arme de jet.

Arabes couchés à l'ombre.

Il faut diviser les Arabes en nomades et en sédentaires. Les nomades parcourent la région des plateaux, vastes espaces où la végétation, brûlée par un soleil ardent, ne reparaît qu'après la saison des pluies et n'offre que des pâturages intermittents. Les troupeaux sont la richesse des nomades ; ils vont de plaine en plaine, cherchant de l'herbe et de l'eau, du sud au nord vers le printemps, du nord au sud quand arrive l'automne.

C'est un curieux spectacle que celui d'une tribu en marche. En avant et en arrière, des éclaireurs armés, pour prévenir tout danger et toute surprise ; sur les flancs de la colonne, des cavaliers chargés de veiller à ce que le bétail ne s'égare point ; au centre, les chameaux chargés de provisions et d'ustensiles, les bœufs, les chèvres, les moutons, et les femmes marchant à pied, leurs enfants sur le dos.

Seules, les grandes dames du désert, les épouses des chefs renommés, sont installées dans l'*attatouch,* espèce de palanquin formé de branches de laurier-rose et garni d'étoffes qui retombent comme des rideaux.

Cette longue file de cavaliers et de piétons, de chameaux et de troupeaux, vous fait involontairement songer aux migrations pastorales des anciens temps. On croit revoir les patriarches s'avançant à travers le désert avec leur nombreuse famille ; on se reporte aux jours bibliques et aux scènes de l'Exode.

L'effet est saisissant, et c'est une impression qui reste.

Arrivé au lieu du campement, le nomade plante sa tente. L'étoffe qui la compose et qu'on appelle *felidj* est formée de longues bandes rayées, à deux couleurs alternées, et fabriquée le plus souvent avec du poil de chameau ou de chien et de la laine grossière. Ce tissu, aussi régulier que solide, est complètement imperméable.

Un vaste rideau de même étoffe, qui tombe jusqu'à terre et qui fait l'effet d'une cloison, partage la tente en deux compartiments. L'un appartient aux hommes, l'autre est réservé aux femmes. Tous les ustensiles de ménage et tout le mobilier y sont entassés.

Au dehors sont les fourneaux creusés dans le sol et composés de trois pierres qui servent de foyer, et les piquets auxquels sont attachés les chevaux.

Telle est la demeure de l'Arabe nomade. Les grandes tentes valent de mille à douze cents francs ; les plus petites de cent à deux cents.

L'Arabe sédentaire, habitant du Tell, vit ordinairement sous le *gourbi*.

C'est une construction très simple. Les murs sont en pierres sèches, ayant un mètre ou un mètre et demi d'élévation ; la toiture se compose de fagots, ou de chaume, ou d'alfa. Ni porte, ni fenêtre, ni cheminée. Le sol n'est même pas battu et est creusé à l'intérieur. Hommes, femmes, enfants, chevaux, bétail, tout se réunit dans ces masures, tout y grouille pêle-mêle dans un air malsain et peu renouvelé, sur une surface de quelques mètres carrés. Ces gourbis sont toujours placés loin des routes, pour éviter le contact ou la visite des étrangers, et autant que possible au penchant des collines, pour faciliter l'écoulement des eaux. J'ai vu quelquefois de ces pauvres demeures inondées par les pluies torrentielles de l'automne et de l'hiver. Rien de plus misérable et de plus triste que cet étroit réduit, humide, obscur et rempli de délétères émanations. Et cependant les indigènes y naissent, y grandissent, y vivent, et s'y portent bien, tant ils sont solidement trempés.

L'Arabe n'a pas d'industrie proprement dite. Toutes les étoffes dont il se sert sont tissées par les femmes, dont la condition est des plus malheureuses.

La femme arabe n'est pas, comme la femme kabyle, une compagne aimée et respectée. Elle est la servante de son époux, elle est sa chose, et, dans les familles pauvres, une vraie bête de somme, chargée de tous les travaux pénibles.

Le mariage est un marché ; le mari achète la jeune fille et en dispose à sa guise. Elle n'a ni jeunesse ni maturité : enfant quand ses parents la vendent, elle vieillit vite dans sa dure condition. Mère à quatorze ou quinze ans, elle est de bonne heure épuisée et flétrie. Quoique autorisée par la loi religieuse, tolérée par l'autorité française, la polygamie n'est pas aussi fréquente qu'on pourrait le supposer. C'est que, pour avoir plusieurs femmes, il faut avoir le moyen de les nourrir. Beaucoup de bergers et de *khammès* (le khammès est un métayer qu'on paye avec le cinquième de la récolte) sont même condamnés par leur pauvreté à rester célibataires. Et c'est tout au plus si parmi les Arabes sédentaires il y a de vingt à vingt-cinq mille polygames.

Un musulman ne peut pas avoir plus de quatre femmes, et un douaire est toujours assuré à la veuve ou à l'épouse divorcée.

L'Arabe aime l'éclat et les fêtes ; il est joyeux quand il peut, selon son

Les palanquins. (Tableau de Guillaume.)

expression, faire parler la poudre ; aussi les fantasias, espèces de batailles simulées, attirent-elles toujours de nombreux assistants. Montés sur leurs chevaux qu'ils lancent à fond de train, ils courent les uns sur les autres,

La fantasia.

jettent en l'air leurs longs fusils qu'ils rattrapent avec beaucoup d'adresse, tirent à bout portant sur leurs ennemis supposés, et battent aussitôt en retraite pour recharger leurs armes et revenir au combat. L'odeur du salpêtre, le bruit des détonations ne tardent pas à les exciter ; leurs instincts guerriers s'éveillent, leurs visages s'animent, et l'illusion est complète pour le spectateur qui assiste à la lutte.

Ils pratiquent largement l'hospitalité. L'étranger qui vient leur demander asile est pour eux l'envoyé de Dieu ; ils lui ouvrent leur tente et préparent en son honneur une abondante *diffa*.

En somme, ils présentent un singulier assemblage de qualités et de défauts.

M. Maurice Wahl en a fait, dans son beau livre sur l'Algérie, un résumé aussi remarquable par son exactitude que par sa précision, et nous ne saurions mieux faire que de le reproduire :

« Si l'on veut croire à la pureté des mœurs primitives, il ne faut pas venir la chercher parmi les Arabes. Hommes et femmes, adolescents ou vieillards, la corruption est la même chez tous ; l'enfance même n'est pas respectée.

« La brutalité sensuelle n'est pas le seul vice des Arabes ; ils n'ont en aucune façon le respect du bien d'autrui. A leurs yeux, le vol est une action indifférente en elle-même, bonne quand on est adroit, mauvaise pour qui se fait prendre. Ils sont âpres au gain, licite ou non ; pour mieux dire, ils n'en connaissent point d'illicite. Ils ont des habitudes de ruse qui les rendent souvent dissimulés et dangereux. Malgré la fierté de leurs allures, ils sont souples et flexibles devant la force ; ils mentent avec une effronterie sans égale, ils flattent avec une abondance de langage inépuisable. Leurs passions inconstantes les ballottent sans cesse de la fidélité à la révolte et de la révolte à la soumission.

« Avec cela, de vraies vertus : la bravoure, le mépris de la mort, l'héroïque insouciance devant le danger ; malgré la réputation de paresse qu'on leur a faite, il supportent les plus durs labeurs ; à part quelques favorisés, ils vivent presque de rien et s'en contentent.

« Il faut les juger sans engouement romantique, mais sans aveugle prévention. Tout vieux qu'ils soient comme peuple, ce sont de grands enfants ; ils ont de l'enfance les convoitises, les naïves grossièretés, les appétits irraisonnés, la mobilité des sensations ; ils en ont aussi parfois la facilité d'humeur et la droiture naturelle. »

Ils vivent par tribus, par *ferkas* et par *douars*.

Le douar est la réunion d'un certain nombre de tentes. Les enfants, les

Tentes arabes. (Croquis de Fromentin.)

parents, les alliés, les fermiers, se rassemblent autour du chef de la famille dont ils reconnaissent l'autorité et qui est leur représentant, leur *cheikh* dans la tribu.

Le ferka se compose de plusieurs douars; la tribu, de tous les douars qui se croient issus d'une souche commune. C'est l'unité sociale. Elle a son nom, son chef, le kaïd, son existence propre, son domaine particulier, l'*arch,* qui est inaliénable.

Tente arabe.

Le groupement de plusieurs tribus constitue un aghalik. Celui de plusieurs aghaliks une circonscription, sous les ordres d'un bachagha, ou d'un khralifa. Kaïds, aghas, bachaghas, khralifas, sont à la fois des maires, des collecteurs d'impôts et des chefs militaires. Ils ne sont plus choisis comme autrefois par leurs coreligionnaires. C'est du gouvernement français qu'ils reçoivent leur nomination, et on leur donne comme insignes un burnous d'investiture, avec des broderies d'or qui varient suivant le grade. Leurs attributions sont des plus variées. Dans chaque tribu, à côté du kaïd, un kadi rend la justice d'après la jurisprudence et le Coran, dresse les actes de mariage, règle les contestations, prononce les divorces.

L'aristocratie est très puissante chez les Arabes. Il y a trois sortes de noblesse : la noblesse d'origine, réservée aux descendants du Prophète, qui portent le titre de *chérif*, la noblesse militaire et la noblesse religieuse. Les nobles militaires, *djouad*, sont les descendants de familles anciennes et célèbres, comme les Koraïche et les Mehhal. Les nobles religieux ou *marabouts* sont les conservateurs de la foi musulmane, les hommes qui observent dans toute leur rigueur les préceptes de Mahomet. Chose singulière, la noblesse religieuse est héréditaire comme les précédentes ; le fils d'un marabout est marabout lui-même en naissant, et leurs coreligionnaires les entourent d'une vénération dont je ne citerai qu'un exemple.

J'ai vu un jour cinq Arabes qui venaient de faire deux cents lieues, qui s'étaient rendus du Maroc à Alger pour contempler pendant quelques instants un enfant de douze ans, le fils du grand chérif d'Ouazzane. Je les regardais avec surprise, assis à terre, ou plutôt accroupis, dans une attitude respectueuse, presque en adoration. Et l'enfant recevait leurs hommages et leurs présents sans s'étonner, je dirai même avec une certaine dignité.

De pareils faits font comprendre combien est grande l'influence des marabouts sur une race superstitieuse, crédule et fataliste, et combien à certains moments elle peut devenir dangereuse. La plupart des insurrections qui ont désolé l'Algérie et entravé la marche de la colonisation ont été suscitées par eux. La loi de Mahomet sera toujours le plus grand obstacle au progrès, et l'Arabe ne sera vraiment soumis que lorsqu'il sera musulman comme le Français est catholique, c'est-à-dire sans préjugés et sans haine pour les sectateurs des autres religions.

XIV

MAURES, COULOUGLIS ET NÈGRES

Les Arabes citadins, *hadars*, portent le nom de Maures. Ils ne sont plus bien nombreux en Algérie, où, du reste, ils n'ont jamais joué un rôle important. Au moment de la conquête, la plupart des familles riches ont émigré en Égypte, à Constantinople, en Tunisie ou au Maroc ; et celles qui sont restées s'étiolent de plus en plus et diminuent de jour en jour.

Le caractère des Maures est doux et paisible. C'est la conséquence de leur indolence naturelle et de leur tempérament lymphatique. Aucune des professions qui exigent une certaine activité ou un certain déploiement de forces physiques ne les attire. S'ils jouissent de quelque aisance, ils coulent des jours tranquilles dans une douce oisiveté ; s'ils ont besoin d'exercer une industrie pour vivre, ils ouvrent une petite boutique, une épicerie, un café, un magasin de tabac, se font tailleurs, brodeurs ou cordonniers. Ceux qui ont reçu de l'éducation briguent les emplois administratifs, les magistratures spéciales, les situations religieuses que peuvent occuper les indigènes. D'autres, moins ambitieux, se contentent d'être *kodjas* ou *chaouchs*, garçons de bureau ou agents de police. Ils sont fiers d'être fonctionnaires, rétribués par le gouvernement, et d'échapper ainsi au surnom de *skakri*, marchand de sucre, équivalent injurieux du mot *mercanti*, réservé aux Européens.

Ce n'est pas à proprement parler une race, mais un composé de diverses races. Ils ont dans leurs veines du sang de tous les peuples qui se sont succédé en Afrique depuis les Phéniciens et les Romains jusqu'aux renégats et aux captifs de France, d'Espagne et d'Italie, si nombreux à Alger, au temps des pirates. Leur taille est en général au-dessus de la moyenne, leur peau blanche, leurs yeux grands et vifs, leurs cheveux noirs. A part l'embonpoint, trop accusé chez eux, ils ont le type des populations du midi de l'Europe.

Leur costume se compose d'une culotte bouffante, *seroual,* d'une veste et de deux gilets brodés en or ou en soie. Une ceinture aux couleurs éclatantes serre leur taille; autour de la chechia qui couvre leur tête, s'enroule un long turban; ils portent rarement des bas, pour procéder plus aisément aux fréquentes ablutions prescrites par le Coran, et ont pour chaussures des *sebabath,* larges souliers sans talons.

Jeté sur les épaules avec une négligence étudiée, un burnous de fine étoffe blanche complète ce costume, qui ne manque pas d'élégance.

Celui des Mauresques varie, selon qu'elles restent à l'intérieur de leurs demeures ou qu'elles se promènent en ville.

Dans le premier cas, elles portent une chemise en gaze, sans manches, et un ample caleçon en calicot ou en indienne qui descend au-dessous du genou. Les jambes sont nues et les pieds chaussés de babouches. Leurs cheveux sont lissés en bandeaux et tressés en une ou deux nattes qui tombent jusqu'à terre. Pour coiffure, elles ont une calotte en velours. Une veste étriquée, une brassière pour mieux dire, étrangle la poitrine sans dépasser les épaules.

Les riches Mauresques portent le *rhlila,* redingote en soie brodée d'or. Avec le *rhlila,* elles nouent au-dessus de leurs hanches le *fouta,* longue jupe en soie rayée que retient une magnifique ceinture dont les bouts pendent par devant. Des babouches en velours vert ou rouge, des colliers de sequins ou de perles, des bagues et des boucles d'oreilles garnies de diamants, de lourds bracelets en or, *m'saïs* pour les bras, *m'kaïs* pour les jambes, font encore mieux ressortir leurs splendides atours et valoir leur beauté.

Pour sortir, elles quittent le fouta, passent par-dessus leur caleçon un pantalon aux larges plis qui descend jusqu'à la cheville, nouent derrière leur tête un voile qui cache la figure à l'exception des yeux, et s'enveloppent de deux haïks de laine, l'un léger, l'autre plus long et plus épais.

Ainsi attifée, la Mauresque a tout l'air d'un paquet ambulant, « paquet de linge d'où sortent, comme aux tortues, deux yeux et quatre pattes ». Autant elle est séduisante dans sa demeure, avec ses brillantes étoffes, ses mains aux ongles teints de henné, son langage aux inflexions étranges, ses superbes parures, autant elle est disgracieuse à travers les rues, avec sa démarche embarrassée, ses pieds traînants et le balancement trop prononcé des vêtements qui l'entourent.

Ce n'est plus une femme qui s'avance, c'est une masse informe qui se meut péniblement.

Quand la Mauresque vient au monde, on l'appelle Fathma, en l'honneur de la mère du Prophète. Huit jours après, on lui donne son nom définitif, mais sans trop fêter son arrivée, car pour la plupart des musulmans la naissance d'une fille est une malédiction.

L'enfant grandit, considérée comme une charge; si les parents sont pauvres, battue, reléguée dans un coin ou accablée de travaux pénibles; si la famille est dans l'aisance, abandonnée à la garde d'une servante; dans tous les cas, frustrée des soins maternels et privée de toute éducation. Pour le Maure comme pour l'Arabe, la femme est un meuble qu'on possède, un objet vénal, un être inférieur qui ne doit ni penser ni agir. Donner de l'instruction aux filles, c'est commettre un gros péché. Aussi, dans son ignorance absolue, la Mauresque n'a-t-elle aucune notion du bien et du mal. Sans attachement pour son mari, qu'elle reconnaît pour son maître, qu'elle craint comme un ennemi, elle n'est ni bonne épouse ni bonne mère, ne pense qu'à sa toilette et n'a aucune des qualités de la maîtresse de maison.

Et cependant de récents essais ont démontré que les Mauresques ne manquent ni d'intelligence ni d'aptitude à apprendre. Mais les préjugés des musulmans les empêcheront longtemps encore d'envoyer leurs filles à l'école.

Pour civiliser ce beau pays, il faut que la loi française fasse en Algérie ce qu'a fait le christianisme dans les sociétés antiques : relever la condition de la femme et bien établir ses droits.

On appelle Coulouglis les indigènes issus des Turcs et de femmes mauresques. C'est une race qui se confond de jour en jour avec les Maures, dont ils ont le costume, la religion, la langue et les mœurs.

L'Algérie avait autrefois avec le Soudan des relations actives et suivies. La traite des noirs entretenait ce commerce, et de fréquentes caravanes traversaient le Sahara et l'Atlas. Ainsi s'explique la présence au nord de l'Afrique de nègres venus de Tombouctou ou du pays des Bambaras. L'abolition de l'esclavage tend à les faire disparaître.

Ils exercent de préférence les métiers qui demandent peu d'activité intellectuelle et beaucoup de force physique ; ils sont manœuvres, maçons, terrassiers, portefaix, quelquefois même vanniers ou fabricants de sparterie. Ce sont des travailleurs laborieux et dociles.

Les négresses remplissent dans les bains maures l'office de masseuses, se font servantes, ou vendent au coin des rues des gâteaux et des petits pains dont les Arabes sont très friands.

Malgré les épreuves qu'elle a subies, cette race a conservé son humeur facile et sa gaieté. Elle a le monopole des plaisirs bruyants. Dès qu'arrive une fête française ou musulmane, ces gens se mettent à parcourir les rues, à faire avec leurs grosses caisses, leurs tambours, leurs castagnettes de fer, *karakob*, un tapage aussi assourdissant que peu mélodieux, et à se livrer sur les places publiques à une sarabande désordonnée. Ce sont des rondes sans fin, des cabrioles de clown, des contorsions d'épileptique. Et ils s'amusent franchement avec ces violents exercices et cette musique enragée.

Il y a plaisir à les voir, pendant quelques instants, « dodelinant de la teste », sauter plus ou moins en mesure et montrer dans un large rire leurs dents nacrées et leur face épanouie. Dans leurs *derdebas* ou fêtes privées, la danse des négresses étonne d'abord, mais finit bientôt par fatiguer.

Non moins étrange, mais plus révoltante est la vue de leurs superstitions. Chaque mercredi matin, sur la route d'Alger à Saint-Eugène, on rencontre des groupes de femmes et d'enfants. Ils se dirigent vers la plage, au lieu dit *Seba-Aïoun* (les sept fontaines), portant les poules destinées au sacrifice. Ils vont invoquer les bons génies et conjurer les mauvais.

Les négresses sont les prêtresses de ce culte. Après avoir pris dans un réchaud quelques grains d'encens ou de benjoin, dont elles font respirer la vapeur aux personnes qui les consultent, elles saisissent une poule, l'égorgent à moitié et la jettent sur le sable. Si la victime gagne la mer, le sacrifice est agréable aux génies, le malade sera guéri, les désirs seront exaucés. Si au contraire elle meurt sur le sable, il faut renouveler l'offrande.

La poule est quelquefois remplacée par un mouton ou un bœuf. C'est alors un nègre qui fait l'office de sacrificateur.

Caravane dans l'Atlas.

Hideux et écœurant spectacle que celui de ces pauvres bêtes courant çà et là sur la plage, la gorge à moitié coupée, la tête pendante; de ces mégères aux mains pleines de sang, véritables sorcières; de ces crédules qui attendent avec anxiété la réponse du destin!

C'est une vraie scène de sabbat, et on n'assiste pas à cette abominable tuerie sans indignation et sans horreur.

XV

LES JUIFS ET LES JUIVES

Le samedi et le dimanche ont à Alger un caractère particulier. En France, presque tous les négociants, quelle que soit leur religion, observent le dimanche. Les magasins sont fermés, et patrons et commis vont, joyeux et libres, respirer l'air des champs. Ici, les plus somptueux étalages disparaissent le samedi, et dans les quartiers commerçants, ordinairement si animés, on ne voit que maisons désertes et boutiques cadenassées.

Ce sont les magasins des Juifs. Les enfants d'Israël observent scrupuleusement les prescriptions de la loi mosaïque qui leur interdit tout travail le jour du sabbat. Ce jour est absolument consacré au repos; les ménagères n'ont même pas le droit d'allumer du feu pour faire la cuisine, qui doit être préparée dès la veille. Aussi la journée entière est consacrée, après les prières dans la synagogue, à d'interminables courses dans les jardins publics et sur les boulevards.

A Alger, le jardin Marengo est leur promenade favorite. Ils en envahissent les allées ombreuses; et ce n'est pas sans un agréable étonnement qu'on voit pour la première fois circuler gravement, sous les palmiers et les bellombras, ces familles patriarcales. Le Juif est, en général, grand et bien fait ; il se reconnaît facilement, même vêtu à l'européenne, à son visage ovale, à sa barbe épaisse et surtout à son nez fortement busqué. Il y a de l'oiseau de proie dans cette physionomie. Le costume est le même que celui des Maures, sauf la couleur, qui est toujours sombre ; le turban est noir, quand il n'est pas remplacé par la disgracieuse casquette de velours, et ils portent, au lieu de chaussettes et de babouches, des bas chinés et des souliers à lacets et à talons.

Quant aux Juives, elles ne se coiffent plus du pittoresque sarma, espèce de pyramide en filigrane que recouvrait un voile de gaze, descendant jusqu'aux pieds, et qui les faisait ressembler à ces dames du moyen âge qu'on voit dans les anciennes estampes. Un bandeau de soie noire serre leurs cheveux aplatis, et deux foulards lamés d'or ou d'argent flottent derrière leur tête, et retombent sur un châle de légère étoffe blanche, délicatement brochée. Comme robes, elles ont un long fourreau de soie aux couleurs vives, à peine rétréci à la taille et garni de galons. Sur la poitrine, un riche plastron, aux dessins variés, fait miroiter sous les feux du soleil ses étincelantes broderies.

On a singulièrement exagéré, selon nous, les attraits des femmes d'Israël. Elles sont ordinairement grandes et bien conformées, mais trop portées à l'embonpoint. Leurs traits sont réguliers, quoique un peu fades, selon l'expression de Fromentin. Leur démarche est nonchalante, leurs yeux sont pleins d'éclat ; mais c'est surtout à la blancheur de leur teint, à la nouveauté de leurs atours, à leur habitude de se montrer librement et le visage découvert dans ce pays universellement voilé, que j'attribue l'impression qu'elles produisent sur les étrangers.

L'établissement des Juifs en Algérie remonte au deuxième siècle de notre ère, à l'année 135, où ils furent dispersés sous le règne d'Hadrien. Chassés de la Cyrénaïque par Marcius Turbo, ils se réfugièrent dans le nord de l'Afrique et y fondèrent des colonies qui devinrent florissantes. Leur religion s'étendit même parmi les Berbères, et l'historien Ibn-Khaldoun cite une tribu de l'Aurès, celle des Djaraoua, qui professait le judaïsme. L'invasion des Arabes, qui imposaient leurs croyances aux vaincus, fit déserter la loi de Moïse pour le culte de Mahomet, et il ne resta plus en Algérie que de rares Israélites. Leur nombre s'augmenta quand les chrétiens reprirent l'Espagne aux infidèles, aux quatorzième et quinzième siècles. Les Maures

Noce juive.

et les Juifs, qui occupaient les plus riches provinces de la péninsule, furent obligés de s'expatrier et de chercher un asile en Afrique. Les Juifs racontent à ce sujet une légende assez curieuse et dont l'authenticité est pour eux un article de foi.

En 1390, le grand rabbin Ben-Smia, jeté en prison par les chrétiens, était sur le point d'être exécuté avec les chefs des principales familles israélites. Ces derniers se lamentaient ; le rabbin semblait résigné. Tout à coup sa tête se redresse, ses yeux brillent, un nimbe de lumière entoure son front. Il saisit un morceau de charbon, dessine un navire sur la muraille, et se tournant vers ses compagnons, il leur dit : « Que ceux qui croient en la puissance de Dieu et qui veulent sortir d'ici mettent avec moi le doigt sur ce vaisseau ! » Tous obéirent, et aussitôt le bateau dessiné sur le mur devint un navire véritable qui emporta les captifs vers la rade d'Alger.

Les Arabes leur laissèrent tous les droits et tous les privilèges dont ils jouissaient en Espagne. Mais quand, au commencement du seizième siècle, les Turcs, sous la conduite des deux frères Barberousse, établirent leur domination en Algérie, la situation des Israélites ne tarda pas à devenir des plus dures et des plus misérables. Il n'était pas de vexations ou d'humiliations qu'ils n'eussent à subir.

Ils payaient des impôts énormes, et ne pouvaient quitter le territoire de la Régence sans fournir un cautionnement. La moindre insulte faite à un Maure par un Juif était punie de mort. Il leur était interdit de monter à cheval dans les rues d'Alger ; ils ne devaient passer devant les mosquées qu'en ôtant leurs souliers et en rampant, et devant la Kasba qu'après s'être mis à genoux. Bien avant les Prussiens, les Turcs avaient mis en pratique le fameux axiome : la force prime le droit ; et l'honneur, la fortune, la vie des Israélites algériens, étaient à la merci de vainqueurs sans scrupules et sans pitié.

Pour avoir résisté à tant d'avanies, pour s'être maintenue, forte et vivante, en dépit de ces dédains, de ces haines, de ces mauvais traitements, pour avoir conquis une situation qui, au point de vue de la richesse immobilière, ne tardera pas, si on n'y prend garde, à devenir prépondérante, il a fallu à cette race une patience à toute épreuve, une souplesse et une habileté incontestables, une puissante vitalité. Elle avait su se rendre nécessaire, presque indispensable aux pirates algériens pour leur servir d'intermédiaires et placer avantageusement le produit de leurs courses.

Le Juif a « un instinct particulier pour ce commerce de seconde main ».

Rapace, avili par l'esclavage, il avait fini par s'habituer à cette condition, et il se vengeait de ses maîtres en les exploitant. Aussi la conquête française n'a-t-elle été pour lui qu'une demi-délivrance, et je ne sais pas si parmi les Israélites algériens il n'en est pas qui regrettent le vieux temps.

On serait tenté de le croire en lisant ces lignes qu'écrivait il y a quelques mois un de leurs journalistes : « Les Juifs étaient très heureux sous les Arabes ; ils étaient, sous le gouvernement des deys d'Alger, les princes du commerce et de la finance. »

A l'arrivée de nos troupes, en 1830, les Israélites furent considérés et traités comme les autres indigènes. Ils gardèrent leurs statuts personnels et leurs lois rabbiniques. Depuis 1870, ils sont soumis aux lois françaises et jouissent de tous les droits du citoyen. Ce décret de naturalisation qui fut, sinon la cause directe, du moins le prétexte hautement invoqué de la formidable insurrection de 1871, a été diversement apprécié et a soulevé de violentes polémiques. Ce fut assurément, surtout dans les circonstances où se trouvait alors le pays, un acte impolitique et une mesure prématurée. Mais on ne saurait aujourd'hui revenir sur le fait accompli.

D'ailleurs, il faut le reconnaître, de grands progrès se sont réalisés. Le vieux Juif, né sous la domination turque, marqué dans son enfance du sceau de la réprobation et de l'esclavage, est toujours superstitieux, avide et fanatique, et porte encore dans sa démarche incertaine, dans ses regards fuyants, dans ses vêtements aux couleurs sombres, les traces de l'ancienne servitude. Mais les générations nouvelles, mieux traitées et moins imbues de préjugés, se pénètrent des idées modernes et adoptent de plus en plus nos modes et nos usages. Non pas que l'assimilation soit déjà faite ; dix années de liberté n'effacent pas les stigmates de dix siècles d'oppression. Cependant l'élément jeune et intelligent tend à prendre le dessus ; les enfants israélites fréquentent nos écoles, et quelques-uns, abandonnant les traditions de leur race, renoncent au commerce et embrassent des professions libérales qu'ils exercent avec succès.

Astreints au service militaire, ils vont passer une année dans nos garnisons du Midi ; et de ce contact forcé avec leurs concitoyens de France, ils rapportent, avec des notions plus exactes sur leurs droits et leurs devoirs, des sentiments généreux et un amour plus vif de la grande patrie. Rien ne relève l'homme, soit à ses propres yeux, soit aux yeux de ses voisins, comme le noble métier des armes. Pour être moins méprisés des Arabes, pour mieux apprécier leur valeur personnelle, les Juifs d'Algérie avaient besoin de cette rude initiation. Dans un avenir plus ou moins éloigné, avec la facilité d'assimilation qu'ils possèdent, ils seront aussi éclairés et aussi civilisés que leurs coreligionnaires d'Europe, et rien ne les distinguera plus des autres citoyens, le jour où ils renonceront à leur fanatique intolérance plutôt encore qu'à leurs vieilles mœurs et à leurs costumes surannés.

XVI

LA POPULATION EUROPÉENNE

D'après le recensement de 1881, le nombre des Musulmans algériens soumis à la France, soit en territoire civil, soit en territoire militaire, s'élevait à 2,850,866 ; celui des Israélites naturalisés, à 35,665 ; celui des Français, à 233,937 ; celui des étrangers, à 189,944, dont 70,999 nés en Algérie.

Soit, au total : 3,310,412.

Le recensement de 1886 vient de nous apporter des résultats qui dépassent nos espérances, et sont la meilleure preuve de la vitalité de notre colonie. Il y a une augmentation de plus de 500,000 habitants. On en compte 3,324,475 en territoire civil, et 492,990 en territoire militaire ; total : 3,817,465.

Chaque province est en progrès.

Celle d'Alger possédait, en 1881, 1,231,018 habitants ; elle en a, en 1886, 1,380,541 ; celle de Constantine est montée de 1,273,965 en 1881 à

1,566,419 en 1886 ; celle d'Oran en gagne plus de 120,000 : 749,949 en 1881, 870,505 en ce moment.

La population européenne a largement progressé, comme dans la période précédente, dont les résultats étaient des plus rassurants. Elle s'élève, en y comprenant l'armée, à près de 500,000 personnes, dont 194,267 étrangers. Il y a aujourd'hui 42,470 Israélites naturalisés.

Dans l'espace de cinq ans, de 1881 à 1886, le nombre des Français s'est accru de près de 40,000. Les Espagnols (ils sont plus de 100,000) forment l'élément le plus important de la colonie étrangère. Des villages entiers, comme Aïn-Taya, aux environs d'Alger, ne sont peuplés que de cultivateurs ou de maraîchers de cette race sobre et forte. Mais c'est surtout dans la province d'Oran, qui fit longtemps partie de leur empire, que les Espagnols se sont multipliés. Ils y sont en majorité, comme population européenne ; aussi ne manquent-ils pas de prétention et d'arrogance, et se considèrent-ils comme chez eux.

Les Italiens viennent ensuite, 30,000 au moins, et se fixent de préférence dans la province de Constantine, voisine de la Tunisie et plus rapprochée de la Sardaigne et de la Sicile. Les Anglo-Maltais, les Allemands et 18,000 autres étrangers de nationalités diverses complètent ce mélange disparate que composent, d'une manière à peu près exclusive, la race latine et les peuples du bassin méditerranéen [1].

Ce n'est pas la fine fleur des pois que nous envoient ainsi nos voisins. Les Mahonnais, qui s'occupent surtout de jardinage, et qui viennent, comme leur nom l'indique, des îles Baléares, sont en général honnêtes et laborieux, et sont fixés en Algérie sans esprit de retour. Mais la plupart des autres Ibères, qu'ils arrivent de Carthagène, de Valence ou de Barcelone, sont gens violents et vindicatifs, peu ardents au travail, prompts à jouer du couteau, et ayant eu trop souvent maille à partir avec la justice de leur pays. Les Siciliens et les Calabrais, qui forment la principale part de l'émigration italienne, sont ordinairement pêcheurs ou mariniers. Quelques Piémontais, attirés par les entrepreneurs de travaux publics, n'exercent que des métiers pénibles et dangereux. C'est une population besoi-

---

1. Tous les chiffres que nous donnons sont empruntés à des documents officiels, comme l'*État de l'Algérie*, publié chaque année par le Gouvernement général, et le *Dénombrement de la population en 1886*, que vient de faire paraître le Ministère de l'intérieur.

Culture et plantation en Algérie.

gneuse et bruyante, de mœurs grossières et d'instincts brutaux, quoique très pieuse en apparence et très attachée aux pratiques extérieures du culte. Ce n'est pas sur elle qu'il faut compter pour bien peupler nos campagnes et faire œuvre de colonisation.

La France est surtout représentée par des Provençaux, des Languedociens et des Corses, plus aptes à s'acclimater. Cependant les Francs-Comtois y occupent plusieurs villages, comme Vesoul-Bénian, et nos malheurs de 1870 ont amené toute une légion d'Alsaciens et de Lorrains. C'est à la culture du sol que se livre la majeure partie des Français.

On a beaucoup médit d'eux. Sans doute, au début de la conquête, notre armée traînait à sa suite un certain nombre d'aventuriers, hommes d'argent et de plaisir, en quête d'une position ou d'une fortune et peu scrupuleux sur les moyens à employer. Dans ce pays nouveau et inconnu s'ouvrait un refuge dont profitèrent beaucoup de gens dont le passé n'était pas sans reproches, et qui avaient des torts à réparer ou à faire oublier.

Mais les temps sont changés. L'Algérie a déjà englouti plusieurs générations de soldats et de colons, qui dorment côte à côte dans ces plaines qu'ils ont conquises, sous ces sillons qu'ils ont tracés. Aux marchands d'absinthe de la première heure, aux trafiquants interlopes qui exploitaient sans vergogne les malheureux émigrants, aux chercheurs d'aventures, ont succédé de vaillants ouvriers, d'honnêtes négociants et d'habiles agriculteurs. La colonie s'est transformée. La Mitidja, naguère encore marais empesté et désert, est aujourd'hui cultivée et fertile comme nos plus belles terres de France.

Des villages qui sont presque des villes, Boufarik par exemple, se sont bâtis comme par enchantement. Les plantations de vignes se multiplient dans les trois provinces, et l'Algérie pourra bientôt devenir le grenier et le cellier de la mère patrie.

Les mœurs aussi se sont modifiées. On a toujours plus de liberté d'allures dans la jeune Algérie que dans la vieille France; mais à mesure que la population augmente, que l'instruction se répand, que l'aisance s'établit, le niveau moral s'élève.

Les spéculations véreuses ne sont plus à l'ordre du jour, les catastrophes financières deviennent rares, la famille se constitue dans de meilleures conditions.

La population européenne, exclusivement adonnée à l'agriculture, s'élève déjà au chiffre de plus de cent cinquante mille personnes, et occupe près de douze cent mille hectares. C'est beaucoup, sans doute, mais ce n'est pas assez, surtout si on considère l'étendue du sol cultivable de l'Algérie, et si on met en regard des douze cent mille hectares défrichés par nos colons les quinze millions qui restent aux indigènes, et où ne s'introduit aucune nouvelle méthode. Essentiellement routinier, l'Arabe fait peu de progrès. En vain il voit les Européens perfectionner leur outillage, il en est toujours à sa vieille et incommode charrue. Et cependant en 1886, plus de trois millions de quintaux de céréales ont été exportés d'Algérie. Que serait-ce donc si la colonisation prenait le développement nécessaire ; si cette terre si fertile, abandonnée depuis des siècles aux palmiers nains et aux lentisques, était mise en plein rapport sur toute sa surface ; si de nouveaux villages étaient créés dans tous les endroits propices et si un fort courant d'émigration se dirigeait vers le nord de l'Afrique et venait augmenter le nombre de ces pionniers intrépides qui luttent avec tant d'énergie contre l'Arabe toujours hostile, et la fièvre plus redoutable encore ?

La sécurité, déjà grande, serait plus certaine. Il est vrai que nos colons possèdent au plus haut degré l'insouciance et le mépris du danger. Des fermes isolées, complètement perdues au milieu des propriétés indigènes, sont quelquefois gérées par des femmes, seules avec des enfants en bas âge, entourées uniquement de serviteurs arabes qui ne cherchent qu'à les tromper. J'en connais, de ces veuves au cœur viril, de ces vaillantes Françaises qui, pour conserver à leurs fils un patrimoine péniblement acquis, se sont volontairement condamnées à cette rude existence de solitude et de combat. Que la culture s'étende, que les habitations et les hameaux se multiplient, que la population européenne, dont la densité est de 13,54 par kilomètre carré, tandis qu'en France elle est en moyenne de 70, devienne plus nombreuse, et la mère patrie ne tardera pas à connaître et à utiliser les innombrables ressources de cet admirable pays. Il ne manque ici que des bras et des hommes de bonne volonté.

Comme le dit Onésime Reclus, l'Algérie vaut la France pour les Français, du moins pour ceux du Midi. On a cru longtemps que la terre d'Afrique était meurtrière pour les Européens ; on s'est demandé maintes fois si nous pourrions y fonder des établissements durables. Le général Duvivier disait un jour, sans paraître trop paradoxal : « Les cimetières sont les seules colonies toujours croissantes de l'Algérie ; » et un médecin estimé prétendait que les enfants étaient impitoyablement moissonnés.

Ces sinistres prévisions sont loin de s'être réalisées. Le sol s'est assaini, on lutte avec succès contre la fièvre, le climat même s'est modifié dans une certaine mesure, et se modifiera encore si le commandant Roudaire a des successeurs pour réaliser son gigantesque projet d'une mer intérieure. Les naissances surpassent aujourd'hui les décès, et l'expérience de cinquante ans prouve que les populations françaises ont la faculté de vivre, de s'accroître et de se perpétuer sur le sol algérien comme en Corse, comme en Provence et comme en Roussillon.

Tournons nos regards et nos efforts de ce côté ; mettons à profit les ressources et les richesses que nous offre ce vaste territoire ; et, pour l'honneur de notre époque et la grandeur de notre pays, faisons une vérité de cette parole : « L'Algérie n'est que le prolongement de la France. »

XVII

LE CLIMAT

L'Algérie a la forme d'un rectangle long et étroit, dont la base est environ de onze cents kilomètres, et la hauteur de six cent cinquante. En ne comptant que les territoires réellement soumis à la domination française, il faut réduire cette évaluation de moitié, et ne comprendre dans nos possessions que trois cent vingt mille kilomètres carrés. Elle est située entre le 36° et le 30° degré de latitude nord, et entre le 5° degré de longitude ouest et le 6° de longitude est. Le méridien de Paris passe à quelques lieues d'Alger, à l'est de Cherchell, l'ancienne Julia Cæsarea des Romains.

L'Algérie se compose de trois parties bien distinctes : le Tell, les Hauts Plateaux et le Sahara.

Le Tell, ainsi nommé, selon les uns du mot latin *tellus,* la terre nourricière, selon d'autres du mot arabe *tell* qui signifie petite montagne, est la région maritime de notre colonie. Sa superficie est d'environ quinze millions d'hectares. C'est la partie la plus fertile et la plus riche de l'Algérie. Son aspect est très varié. Ce sont tantôt de vastes plaines, comme la Mitidja, la plaine de Bône, la plaine du Chélif, tantôt de hautes montagnes, comme le Djurjura, le Zaccar, l'Ouaransenis. De nombreux cours d'eau sillonnent dans tous les sens ce pays accidenté. Mais qu'on ne s'y trompe pas. En examinant une carte, nous trouvons en Algérie un réseau complet de rivières aboutissant à la Méditerranée, et prenant leur source soit dans la chaîne littorale, soit dans les montagnes qui séparent le Tell des Hauts Plateaux. Un seul cours d'eau, à qui son développement de sept cents kilomètres fait donner le nom de fleuve, le Chélif, sort du Djebel-Amour, sur la lisière des Hauts Plateaux et du Sahara. Malheureusement, ces cours d'eau ne sont que des torrents impétueux et dévastateurs, renversant tout sur leur passage quand un orage éclate, et ne fournissant pendant l'été qu'un mince filet d'eau qui se traîne au milieu des lauriers-roses, sur le sable altéré. Si le Tell algérien était arrosé, je ne dirai pas par des fleuves comme la Loire ou la Garonne, mais par des rivières au débit régulier et non interrompu comme la Marne, le Cher ou le Lot, ce serait la terre par excellence, et, par-dessus toutes les autres, aimée de l'homme. Déjà, sur les pentes rapides ou dans les fraîches vallées de la Kabylie, on rencontre des grappes monstrueuses qui rappellent ces raisins de Chanaan que deux hommes avaient de la peine à porter. Donnez de l'eau à ces plaines où les siècles ont accumulé de fortes épaisseurs de terre végétale, et, sous la féconde influence du soleil africain, vous aurez des récoltes merveilleuses. Aussi construit-on des barrages pour emmagasiner les eaux, empêcher ces richesses liquides d'aller se perdre dans la mer, et les distribuer à volonté. On ne saurait trop en construire, car jamais argent ne fut mieux employé. Avec de nombreux réservoirs, avec le reboisement des montagnes que poursuit avec une persévérante énergie une influente société, on arrivera certainement à améliorer le régime des eaux, et à fertiliser, en les irriguant, d'immenses espaces. C'est le seul moyen de remédier au peu de

Montagnes d'Algérie.

hauteur des montagnes algériennes, et au défaut de neiges permanentes et de glaciers qui alimenteraient sans cesse les rivières de ces contrées.

Les Hauts Plateaux sont bien nommés. Qu'on vienne du nord ou du sud, du Tell ou du Sahara, il faut gravir des sommets élevés pour arriver sur cette vaste plate-forme dont l'altitude varie entre sept cents et mille mètres. Ce sont de véritables steppes, mais qui ont leur végétation de plantes assez vigoureuses pour résister aux ardeurs du soleil et fournir en toute saison une pâture abondante aux troupeaux des tribus nomades. C'est dans ces plaines qu'on trouve l'alfa, dont la tige sert à fabriquer des nattes, des cordages, des tissus et du papier. Cette graminée est pour l'Algérie, surtout pour la province d'Oran, une précieuse source de revenus. Elle a donné lieu, en 1885, à un commerce d'exportation de près de treize millions ; elle alimente deux chemins de fer ; elle amène sur les hauteurs les travailleurs européens ; et comme elle est inépuisable, comme la mer d'alfa, pour nous servir de l'expression arabe, couvre les sept dixièmes des plateaux, d'importants centres industriels ne tarderont pas à se créer sur ces terres incultes.

Les bords des Hauts Plateaux sont plus élevés que l'intérieur et forment un bourrelet qui empêche les eaux pluviales de s'écouler, soit vers le Sahara, soit vers la Méditerranée. Ces eaux se rendent dans cinq vastes dépressions qu'on appelle chotts ou sebkhas. Le grand chott oranais a cent quarante kilomètres de long sur une largeur de dix à vingt ; ceux des provinces d'Alger et de Constantine sont moins étendus. Ils reçoivent de petits affluents, ils occupent de grandes surfaces, mais on ne saurait les prendre même pour des lacs. Leur eau, peu profonde, est vaseuse et saumâtre ; et quand vient l'été, le soleil a bientôt tari et les chotts et les ruisseaux qui les alimentent, pour laisser à la place du marais d'épaisses couches de sel. Aussi les appelle-t-on les lacs salés, et leurs bords sablonneux restent déserts. Il serait cependant facile, avec des travaux peu dispendieux et des soins intelligents, de tirer un meilleur parti de ces Hauts Plateaux, dont la fertilité, quand l'année est pluvieuse, égale presque celle du Tell. En forant des puits, en construisant des barrages, on peut multiplier les points d'eau. « Si ces travaux d'aménagement étaient menés bien et vite, on a calculé qu'il serait possible, dans la seule province d'Alger, de livrer à la culture cinq cent mille hectares, actuellement improductifs. En attribuant à la colonisation, qui manque de terres, la moitié de ce domaine conquis, on aurait de quoi installer dans un pays salubre, supérieur au Tell pour sa valeur climatérique, cinq à sept mille familles d'agriculteurs européens[1]. »

Il n'en est pas de même pour le Sahara, contrée généralement aride et inhospitalière, qu'il faut laisser aux indigènes : il embrasse toute la partie australe de l'Algérie. « Ce sont, dit M. Mac-Carthy, de vastes plans légèrement inclinés, sillonnés de ravins sans nombre, tortueux, bizarrement découpés, semblables à autant de crevasses. Çà et là, une petite colline, un piton pointu, apparaissent au-dessus du plan général comme un signal, et les parties les plus basses, derniers réceptacles des eaux des pluies, forment autant de sebkhas humides, couvertes d'efflorescences salines dès que le soleil en a desséché la surface. Nu, désolé, le Sahara ne montre presque partout que des roches, de vastes couches pierreuses ou des sables accumulés. » Malheureusement, le Sahara algérien n'est pas, comme on se le figure ordinairement, une mer de sable. Les sables en sont la seule partie fertile, la seule qui conserve les eaux et l'humidité bienfaisante, la seule où croissent les palmiers et où se développent les oasis. Ils n'en occupent qu'un neuvième, au grand préjudice des habitants, qui trouvent dans ces dattiers trop clairsemés, qui doivent « plonger leurs pieds dans l'eau et leur tête dans le feu du ciel », leur principale nourriture et leur plus lucratif article de commerce. Aussi, depuis trente ans environ, l'administration a-t-elle cherché à créer de nouvelles oasis, en multipliant les sondages et les puits artésiens. Toute la contrée de l'Oued-Rir a été ainsi fécondée et enrichie. En vingt ans, la population a plus que doublé dans ces parages où le génie et l'industrie des vainqueurs ont montré leurs ressources et leur puissance. Là où s'étendaient des landes désertes, parsemées de loin en loin de maigres touffes d'alfa, s'élèvent aujourd'hui des îlots de verdure, dont l'aspect inattendu étonne et charme le voyageur, heureux de reposer enfin, sur ces frais bosquets et ces claires fontaines, ses regards fatigués par les horizons infinis et les chaudes réverbérations du désert.

Un pays aussi étendu et aussi accidenté doit offrir plusieurs sortes de climats. De même qu'en France nous avons le climat vosgien, le climat girondin, le climat rhodanien, de même en Algérie nous trouvons le

---

1. *Bulletin de la Société géographique d'Alger*. — M. Wahl, *l'Algérie*.

Une oasis. (Dessin de Fromentin.)

climat de la région maritime, doux, tempéré et humide ; le climat de la région montagneuse où les hivers sont rigoureux, où les chaleurs sont fortes, mais sèches, et se supportent mieux que l'humidité du littoral ; le climat des Hauts Plateaux, incommode, pénible, à écarts énormes de température, mais sain et propice aux Européens, et enfin le climat saharien, aux fièvres dangereuses, aux ardeurs intolérables pour tout autre que l'indigène. Vouloir coloniser le Sahara, y fonder des établissements, fixer dans ce « pays de la soif » une population française, c'est une utopie qui ne peut s'entretenir que dans l'esprit de ceux qui ne connaissent l'Algérie que par des descriptions poétiques et ne la voient qu'à travers le prisme des illusions.

Les Hauts Plateaux, le Tell, le littoral, offrent un champ assez vaste à notre activité. Là, du moins, nous pouvons vivre, et si, pendant l'été, les vallons de la Kabylie, les coteaux de Médéa, les pentes du Zaccar, rappellent, à s'y méprendre, le centre de la France, pendant l'hiver Alger, Cherchell, Bône, Oran, toutes les villes maritimes, peuvent rivaliser avec Cannes, Nice, Hyères, San-Remo et les stations les plus renommées du Midi. Dans ce pays favorisé, l'hiver n'est qu'un printemps, quelquefois pluvieux. Mais, malgré les pluies, nous n'y connaissons pas ce ciel nébuleux, terne, blafard, d'un gris de plomb, qui répand sur les journées du Nord tant de mélancolie et de tristesse. Le soleil ne tarde pas à luire, à dissiper les nuages, à sécher la terre, à égayer les cœurs. La température est toujours à peu près égale ; les bananiers aux longues feuilles, les verts orangers, les palmiers, se balancent en pleine terre sans craindre la gelée, et c'est à peine si, de temps en temps, de leurs cimes neigeuses, les montagnes du Djurjura envoient aux promeneurs surpris, avec une brise plus fraîche, un pâle reflet de l'hiver.

L'Algérie est une sirène bienfaisante. Son air si pur, sa lumière si vive, exercent sur les voyageurs une irrésistible attraction. Comme l'a dit Marie Lefebvre, « on s'habitue à ces joies du regard, et l'habitude de la lumière d'Afrique est une des causes de cette nostalgie étrange qui ramène inévitablement, de tous les coins de l'Europe, ceux qui ont connu l'Algérie et qui en ont une fois subi l'attrait. »

Rien de plus agréable que l'hiver à Alger, si toutefois on peut appeler hiver une saison qui n'a d'incommode que les pluies et où le thermomètre ne descend jamais à zéro. L'été lui-même, ce grand épouvantail des Européens, n'est pas aussi redoutable qu'on le croit. La température moyenne n'est pas plus élevée qu'à Nice, Perpignan ou Montpellier. Ce qui rend l'été fatigant en Afrique, c'est d'abord sa durée, c'est l'humidité de l'air, qui énerve en entretenant une transpiration continuelle, c'est enfin le vent du sud, le siroco. Heureusement, il ne se fait sentir qu'à de longs intervalles; et la ville d'Alger est protégée contre ses atteintes par les collines du Sahel. Mais, dans les endroits découverts son souffle de feu consume tout. Je ne l'ai éprouvé qu'une fois, au mois d'août, dans une excursion à Chéragas. En gravissant la rampe tortueuse qui conduit de Bab-el-Oued à la porte du Sahel, en passant sous le fort de l'Empereur, nous avions à peine ressenti quelques chaudes effluves. Arrivés sur le plateau d'El-Biar, nous nous crûmes véritablement à la gueule d'un four. Nos chevaux étaient rendus. Haletants, marchant à peine, ils tournaient en vain du côté opposé au vent leurs naseaux desséchés. L'atmosphère était irrespirable, et nous essayions inutilement de tamiser et de rafraîchir à travers nos mouchoirs appliqués sur notre bouche le souffle embrasé qui brûlait nos poumons. Les feuilles des oliviers et des caroubiers se tordaient et tombaient à terre, jaunes et racornies; les branches craquaient comme dans un foyer; aucun oiseau ne troublait de son vol l'horizon nuageux et chargé d'une poussière ténue. Le siroco est surtout redouté par les gens nerveux et impressionnables. Pour l'éviter dans une certaine mesure, il n'y a qu'à s'enfermer chez soi, portes et fenêtres hermétiquement closes.

Si à deux cents lieues du Sahara, sur les bords de la mer, après avoir franchi de vastes forêts et de hautes montagnes, le terrible vent du sud garde encore une telle intensité, quels effets désastreux ne doit-il pas produire à son lieu d'origine, dans le désert, où aucun obstacle n'entrave sa course et n'arrête sa fureur? Bien à plaindre sont les caravanes surprises par ce fléau, par cet ouragan de sable et de feu.

Sur le littoral, les récoltes seules reçoivent des atteintes sérieuses; l'homme ne voit dans le siroco qu'un malaise trop souvent renouvelé, mais passager, et qui lui fait mieux apprécier, par la comparaison, le charme et la douceur ordinaire du climat.

Le vent du sud dans le désert.

XVIII

CAFÉS ET BAINS MAURES

En Algérie, comme en France, comme partout, le café est l'asile des désœuvrés et des paresseux. Nos principales villes africaines en possèdent de luxueux, qui, sans rivaliser avec les splendides établissements des boulevards parisiens ou de la Canebière, offrent aux consommateurs tout le confort désirable. Mais ce n'est pas de ceux-là que je veux parler. Quand on en connaît un, on les connaît tous. C'est partout et toujours le même divan en moleskine, vert, rouge ou noir selon le goût du propriétaire, les mêmes glaces, les mêmes dorures, les mêmes tables, le même comptoir, et je dirai presque la même dame, au sourire stéréotypé, qui trône gravement derrière un rempart de flacons, sévère pour les gens de service, aimable et prévenante pour les habitués.

Mon sujet est moins banal. Nous allons aujourd'hui au café maure.

Imaginez-vous, dans une de ces rues étroites et sombres de la vieille ville, un long et obscur corridor sans autre ouverture que la porte, une cave, un véritable trou en contre-bas de la voie publique. Des deux côtés, des banquettes en maçonnerie, garnies de nattes grossières. Çà et là, des tables boiteuses, peu propres, à peine équarries ; et tout autour, assis, accroupis, allongés, des Arabes silencieux, enveloppés dans leurs burnous. Autant de buveurs, autant d'attitudes. « Celui-ci couché sur le dos, la tête en bas, jambes en l'air ; celui-là ramassé, le menton entre les genoux ; cet autre patinant ses pieds nus avec une candeur stupéfiante. Tous néanmoins académiques. L'Orient est la patrie des poseurs [1]. »

---

[1]. Ch. Desprez, *l'Hiver à Alger*.

Les murs sont décorés de dessins et d'aquarelles, de vues de la Mecque et de Constantinople ; au plafond sont suspendues des lanternes mauresques à la forme originale, aux verres de couleur, aux gracieux ornements. Une poignée de charbon se consume lentement dans un petit fourneau, et éclaire d'une lueur douteuse et intermittente l'extrémité de cette grotte. C'est là que se tient le maître de la maison, le *kaouadji*. Grave et profondément pénétré de l'importance de ses fonctions, il prépare et distribue la délicieuse liqueur. Il ne donne à ses clients que du thé et du café ; le Coran proscrit l'alcool. On le voit glisser sans bruit au milieu des groupes de ses hôtes, et verser dans de fines et petites tasses le brûlant nectar. Il revient ensuite à son fourneau, et continue, sans proférer une parole, à répandre l'eau bouillante sur la poudre de Moka. Non moins taciturnes sont les consommateurs, soit qu'ils jouent aux échecs ou aux dames, soit que, mollement étendus, la cigarette ou la pipe à la bouche, ils savourent à petites gorgées leur breuvage favori. C'est un curieux spectacle que de voir ces Arabes rester des heures entières dans ce silence et cette immobilité. Quelquefois une troupe de musiciens ambulants, joueurs de flûte et de derbouka, vient, de sa cadence monotone et lentement rythmée, troubler ce tranquille repos. Jadis c'étaient les danseuses, les séduisantes almées, sœurs des bayadères de l'Inde, qui charmaient, non pas les oreilles, mais les yeux des habitués des cafés, et déroulaient devant eux, avec grâce, le doux poème de leurs danses et de leurs attitudes. Aujourd'hui, elles ne s'aventurent plus dans les villes, ou du moins ne se montrent plus en public. Ce n'est que dans les fêtes particulières, dans les maisons des riches indigènes, qu'on peut trouver encore, et fort rarement, une occasion de les voir. Pour ma part, je n'ai pas eu cette bonne fortune.

Autant nos cafés européens sont bruyants, animés, pleins de vie, de lumière et de luxe tapageur, autant le café maure est morne, obscur et modeste. Dans la plupart des cas, c'est une tanière. Nous pourrions dire aussi, c'est une hôtellerie. Pendant les soirées d'hiver, pendant que la pluie tombe à torrents, les pauvres et les voyageurs, ne pouvant coucher à la belle étoile, sont obligés de chercher un asile. Le café maure le leur offre, et moyennant quinze centimes, cinq pour la tasse de moka et dix pour la nuitée, ils sont certains de trouver un gîte commode et sûr. Les privilégiés vont aux bains maures, où l'hospitalité de nuit coûte cinq sous.

L'étranger peut s'égarer sans crainte dans ce milieu oriental. Il y est parfaitement accueilli ; on se dérange pour lui faire place, on cause avec lui, et il ne trouvera pas autre part d'observatoire plus commode pour étudier par certains côtés les mœurs des indigènes. C'est même là que beaucoup de nos interprètes ont commencé à se familiariser avec le dialecte algérien. En outre, le café, tel que le préparent les Arabes, est excellent. « Noir comme la nuit, chaud comme l'enfer, doux comme l'amour, c'est ainsi que tout bon Oriental veut son café[1]. » Trié avec soin et grain à grain, grillé sur la braise, pilé par des bras robustes et réduit en poussière impalpable, il a un goût délicieux et un arome des plus suaves. Comme la poudre reste mélangée à l'eau bouillante, on est d'abord étonné en goûtant ce liquide épais et boueux ; mais on ne tarde pas à s'y habituer, et on finit par imiter les indigènes, qui ne vident pas leur tasse, bien petite à la vérité, moins de huit ou dix fois par jour. Et cela sans inconvénient : le thé et le café sont, dans les pays chauds, les meilleures boissons au point de vue hygiénique.

A l'amour du café beaucoup d'Arabes joignent la passion du haschich, substance tirée du chanvre. Le haschich se fume, tantôt dans des pipettes minuscules, tantôt dans une grande pipe en cuivre, à réservoir d'eau, commune à plusieurs fumeurs, qui aspirent tour à tour une bouffée, et il produit, à ce qu'on prétend, une ivresse particulière, une sorte d'extase où se succèdent les rêves les plus charmants, les visions les plus douces et les plus riantes. Ses effets merveilleux ont été décrits par beaucoup de voyageurs. Je voudrais bien ajouter foi à leurs récits ; mais j'ai essayé un jour du haschich, et je n'ai obtenu comme résultat qu'un violent mal de tête. Aussi n'engagerai-je personne à renouveler l'expérience.

Le café maure est l'asile des oisifs et des rêveurs ; la boutique du barbier arabe est le refuge des bavards et des chercheurs de nouvelles ; le bain maure est le cercle des femmes, le lieu privilégié où elles se réunissent de midi à six heures du soir, et où elles peuvent, libres de toute contrainte et de toute surveillance masculine, s'entretenir avec leurs amies, parler toilette et ménage, et « dire, comme c'est l'usage en tout pays, un peu de bien et beaucoup de mal de leurs maris [2]. »

De six heures du soir à midi, le bain maure est réservé au sexe fort. Les

---

1. H. Dumont, *Alger, ville d'hiver*.
2. Mme L. Vallory, *A l'aventure en Algérie*.

Européens y vont d'ordinaire avant le dîner ou de onze heures à minuit. Bien qu'on puisse s'y rendre impunément aussitôt après le repas, il vaut mieux ne se livrer aux masseurs que lorsque la digestion est terminée.

Toutes les villes d'Algérie possèdent plusieurs établissements de bains. Dans les pays chauds, c'est à la fois un besoin et un plaisir. L'hygiène le commande ; et lors même que le voyageur n'y serait pas envoyé par le médecin, il y serait attiré par la curiosité, et ramené par le bien-être, la variété et la douceur des sensations qu'on y éprouve.

Le bain maure, « dont le massage excitant nettoie parfaitement la peau, doit être préféré aux bains tièdes, qui sont débilitants ». Il constitue une série d'opérations que nous allons essayer de décrire.

Après avoir franchi un vestibule où sommeillent quelques Arabes, on soulève un rideau et on pénètre dans une vaste salle. C'est à la fois le vestiaire et le dortoir. Une lampe fumeuse éclaire de ses vagues et vacillantes lueurs les colonnes de marbre blanc, les glaces de Venise, la fontaine dont le doux murmure invite au repos. En entrant, on est surpris par l'obscurité, on ne voit rien, mais on s'habitue vite à ce demi-jour, à ce clair-obscur, et on ne tarde pas à distinguer les détails, et à découvrir, dans la pénombre des galeries, les dormeurs mollement couchés et enveloppés de longs voiles blancs.

Indolemment appuyé sur une pile de coussins, le chef de l'établissement fait signe de s'approcher au nouvel arrivant, et lui demande son argent et ses bijoux, qu'il enferme, après vérification, dans un coffre à coulisse dont seul il possède la clef. La probité de ces industriels est proverbiale ; jamais un objet de quelque valeur n'a été égaré ou dérobé.

Cette précaution prise, un Arabe ou un nègre demi-nu conduit le baigneur à la place qu'il doit occuper, le fait déshabiller, range ses vêtements sur une planche, lui ceint les reins d'une pièce de cotonnade, lui met un voile sur la tête, des sandales aux pieds, et l'introduit dans la salle de bain, rotonde pavée d'ardoise et de marbre, où des bouches de vapeur entretiennent constamment une température plus que sénégalienne. La première impression n'est pas favorable. La chaleur est si suffocante, la buée si épaisse, que vous hésitez à entrer. Mais votre guide vous entraîne, et vous fait asseoir sur le pavé brûlant, après l'avoir au préalable lavé à grande eau et à plusieurs reprises. Jetez alors les yeux autour de vous.

De tous côtés vous apercevez des corps étendus à terre auprès desquels s'agitent et trépignent, dans les attitudes les plus variées, les serviteurs indigènes vêtus d'un simple cotillon. Avec leur tête rasée, leur peau luisante, leurs dents blanches, leurs yeux étincelants, on dirait une légion de diables.

Ils travaillent avec ardeur, frottent, nettoient, pétrissent les membres, font craquer les articulations des baigneurs; et dans ces mouvements désordonnés, la mèche de cheveux qu'ils gardent sur la tête s'agite comme un serpent. Et quel tumulte sous ces voûtes sombres, quels chants bizarres, quels cris aigus! Il y aurait de quoi s'effrayer si on ne se savait pas en pays sûr, en terre française.

Mais vous suez à grosses gouttes, vous êtes littéralement en nage. A votre tour maintenant. Deux, trois, quatre Arabes vous saisissent, vous étendent brusquement et se mettent à vous frictionner, à vous étriller avec leurs gants en poil de chameau, à vous masser, à vous tirer bras et jambes comme s'ils voulaient vous les arracher. Vous n'êtes pas sans inquiétude sur l'intégrité de vos os. Rassurez-vous. Aussi bien que le physiologiste le plus exercé, ils connaissent le moment précis, la limite certaine où cesse le plaisir, où commence la souffrance, et savent s'arrêter à temps. Quand ils ont bien pétri, tourné, retourné, désarticulé, ils saisissent une poignée d'étoupes et vous inondent d'eau tiède. Douce transition et sensation délicieuse que celle de ce lavage bienfaisant après les frictions quasi-brutales dont vous venez d'être l'objet.

Bien nettoyé et bien épongé, on vous emmaillote comme un bébé, et on vous transporte sans secousse dans la première salle, sur un lit de repos, au-dessous de la planche qui supporte vos habits. Là, voluptueusement allongé, vous assistez à votre tour au défilé des arrivants. On vous apporte une tasse de café ou de thé, et une longue pipe garnie de fin tabac de Chebli. « Bientôt la fatigue du bain, la demi-obscurité du lieu, les parfums du benjoin dont sont imprégnés vos draps, agissent doucement sur vous, vos paupières s'appesantissent, le tuyau d'ambre échappe de vos lèvres. On recommence, mais plus mollement, le massage de l'étuve. Et c'est avec le bien-être infini d'un enfant bercé par sa mère que vous passez tour à tour du repos à l'assoupissement et de l'assoupissement au sommeil. »

Quand on s'éveille, on se sent plus léger, plus dispos et tout ragaillardi ; on éprouve un indéfinissable bien-être, et c'est avec plaisir et avec l'espoir d'un prochain retour qu'on remet au maître étuviste les trente sous qu'il demande pour ses soins empressés et son attentive hospitalité.

XIX

ALGER VILLE D'HIVER

« Ce n'est point la mer, dit avec raison M. Charles Martin, c'est le mal de mer qui sépare réellement l'Algérie de la France. Cette déplorable infirmité, dont si peu d'hommes sont exempts, est la barrière qui s'élève entre la vieille France européenne et cette jeune France africaine, où toutes les activités trouveraient leur emploi et toutes les curiosités leur aliment. »

La science n'a pas encore trouvé de remède à cette affreuse maladie ; mais l'industrie humaine a découvert le moyen d'abréger les distances, et, grâce à la vapeur, le voyage de Marseille à Alger n'est plus aujourd'hui qu'une promenade de trente heures environ, quand la Méditerranée n'est pas trop houleuse et le vent trop violent. Les paquebots à grande vitesse, comme la *Ville-de-Naples* et la *Ville-de-Madrid,* qui ont inauguré le nouveau service, partent à six heures du soir et arrivent à destination le lendemain entre dix heures et minuit. Si la mer est belle, c'est une simple excursion, moins fatigante qu'un voyage de même durée en chemin de fer : car sur les couchettes des bateaux on peut s'étendre et dormir à son aise ; si les flots sont agités, il faut souffrir et se résigner.

Les améliorations apportées dans les traversées, soit comme installation des passagers, soit comme durée du trajet, ont déjà produit d'heureux résultats. Alger possède tous les ans une nombreuse colonie d'hiverneurs.

La Russie, la Hollande, l'Amérique du Nord, l'Angleterre surtout, envoient un important contingent. Toutes les villas de Mustapha, tous les beaux appartements d'Alger et de ses faubourgs sont occupés par les étrangers et loués à des prix exorbitants. Aussi, en temps ordinaire, les loyers sont-ils très chers. Les hôteliers et les propriétaires, comptant sur ces locataires de passage, se montrent très exigeants pour l'employé et le rentier. Il est très difficile de se bien loger à Alger à un taux raisonnable. Nous n'avons pas ici de ces vastes hôtels comme en possèdent la plupart des villes de bains, demeures immenses et somptueuses, à la fois palais à l'installation splendide et caravansérails aux chambres innombrables. Le plus important et le mieux situé, l'hôtel d'Orient, a même disparu pour faire place aux services de la Mairie.

Il est fâcheux qu'on n'ait jamais sérieusement songé à construire à Alger un grand casino, bien conçu et bien aménagé, avec concerts, tir aux pigeons, représentations extraordinaires, salons de danse, de lecture et de jeux. Non pas que nous désirions faire d'Alger une succursale de Monte-Carlo, de Hombourg ou de Baden, et y installer les croupiers de la roulette et du trente et quarante ; mais nous voudrions y voir un bel établissement, comme à Trouville, à Dieppe, à Boulogne ou à Biarritz. Les emplacements ne manquent pas, et il faut savoir faire des sacrifices si on désire attirer des hôtes et si on veut les retenir.

Le carnaval, les batailles de fleurs et de *confetti,* amènent à Nice une foule de voyageurs. Les compagnies de chemins de fer organisent des trains de plaisir, et le chef-lieu des Alpes-Maritimes devient, pendant quelques jours, le rendez-vous obligé de tout ce que Paris compte d'élégant et de mondain. Pourquoi ne pas suivre cet exemple ?

Sous ce beau ciel d'Afrique, d'une sérénité quelquefois implacable, sur ces vastes boulevards, cet immense champ de manœuvres, dans ce pays du pittoresque, de l'imprévu et de la fantaisie, rien ne serait plus facile. Et pas besoin de se mettre en frais d'imagination pour inventer des costumes. Quel étonnant et merveilleux cortège on pourrait faire dérouler : d'un côté, les Européens et leurs chars construits avec art et décorés avec goût ; de l'autre, des tribus d'Arabes montés sur leurs chameaux, marchant aux sons de la nouba, des nègres avec leur musique barbare et leurs danses burlesques, des spahis au long manteau rouge ; et pour terminer la fête, après une homérique bataille de fleurs, une retentissante fantasia.

Ce serait autrement curieux et attrayant qu'un défilé plus ou moins monotone de masques sans caractère et de chariots enguirlandés.

Ce n'est pas à dire pour cela que les distractions manquent à Alger. Indépendamment des soirées officielles que donnent à tour de rôle le gouverneur, le préfet; les généraux, l'amiral, le recteur; sans compter les grands bals qui réunissent aux fonctionnaires, aux représentants du haut commerce l'élite des hiverneurs de toute nationalité, nous avons, pour charmer nos loisirs, quatre salles de spectacle.

D'abord, le grand théâtre, pompeusement appelé théâtre National, parce qu'il reçoit une subvention de l'État. C'est une vaste salle richement ornée, où des troupes de choix, secondées par un vaillant orchestre, interprètent tour à tour l'opéra, le drame et la comédie. Situé sur la place Bresson, en face du square et de la mer, ce théâtre se trouve au centre de la ville. Construit par MM. Chassériau et Ponsard, remanié par MM. Dumay et Bullot, il fut dévoré par l'incendie en 1881. Grâce à l'initiative et aux efforts de la municipalité, il vient de renaître de ses cendres, et a été rebâti d'après les plans et sous la direction de M. Oudot, architecte de la ville. Malgré son portique à sept ouvertures, ses colonnes de marbre, ses mascarons, ses statues, la façade, de trente mètres de largeur, n'a pas un aspect assez monumental. Le péristyle est mieux réussi, et a vraiment grand air. C'est la meilleure partie de l'édifice.

Au théâtre des Variétés, on joue le vaudeville et l'opérette.

Le théâtre Malakoff, au faubourg Bab-el-Oued, sert de salle de début aux jeunes Algériens qui ont du goût pour la carrière dramatique, soit comme auteurs, soit comme acteurs.

A ceux qui aiment l'art plus facile et la musique moins sévère, le café-concert de la Perle, rue des Trois-Couleurs, offre, avec la fumée des pipes et les libations ordinaires, les libres propos et les joyeuses chansons. Nous ne parlerons que pour mémoire des Aïssaoua, sectaires fanatiques et prestidigitateurs vulgaires, dont les Arabes aiment et admirent, avec une superstitieuse terreur, les jongleries et les exercices violents.

N'oublions pas la Société des Beaux-Arts. Elle compte plus de quatre cents membres et s'est donné pour tâche de répandre et d'exciter l'amour du beau sous toutes ses formes. Conférences de littérature, d'histoire et de critique, cours de dessin, de peinture, de solfège, de musique instrumentale, bibliothèque artistique, importante collection de tableaux, de gravures et

Environs d'Alger.

d'aquarelles, tout s'y trouve réuni. De plus, elle offre chaque lundi des concerts très suivis et très goûtés, où l'orchestre fait entendre les œuvres des meilleurs maîtres ; où de nombreux amateurs, je puis dire de vrais artistes, font apprécier et applaudir leur méthode et leur talent. Ce sont des soirées délicieuses, de charmantes fêtes de famille, bien organisées et bien ordonnées, et où ne cessent de régner le bon ton et le bon goût.

Le dimanche peut être employé à quelqu'une de ces excursions de botanique rurale que dirige le professeur Durando, vieillard alerte et souriant, facilement reconnaissable aux palmes d'officier d'académie et à la croix des Saints-Maurice-et-Lazare qu'il porte toujours sur son habit. Vous ne trouverez pas de meilleur guide, de cicerone plus obligeant pour parcourir les environs d'Alger. Chaque semaine, les journaux annoncent le but de la promenade, et le dimanche, à l'heure indiquée, on s'assemble sur la place du Gouvernement, sous les palmiers de la Régence, et on monte en corricolo. La botanique n'est qu'un prétexte. Sur soixante ou quatre-vingts touristes des deux sexes que comptent en moyenne les caravanes, dix au plus mettent à contribution la science inépuisable et la merveilleuse mémoire de l'excellent M. Durando. Dès qu'on arrive au lieu fixé, on se disperse, chacun suivant ses goûts. Les uns vont esquisser un olivier séculaire, aux troncs noueux, aux jets puissants, un point de vue pittoresque, un marabout isolé ; d'autres cueillent des fleurs et en cherchent le nom ; les jeunes filles courent sur la montagne, livrant leur visage au soleil et leurs cheveux à la brise ; quelques dames, en ménagères prudentes, ramassent, pour embellir leur salon, de véritables hottées de plantes qu'elles entassent dans les voitures ; les herborisants remplissent avec conscience leur boîte de fer-blanc, et tout le monde respire à pleins poumons, loin de la poussière d'Alger, l'air pur et vivifiant du Sahel. On rentre le soir, gai et dispos, la poitrine dilatée, l'œil ébloui de lumière et le cœur plein de charmants souvenirs.

On va quelquefois plus loin. Il faut alors prendre le chemin de fer. Rien de plus agréable que ces excursions en bande joyeuse, où la science marche de pair avec le plaisir, où l'histoire naturelle donne la main à l'archéologie, et qui servent en même temps à faire connaître, avec les richesses multipliées de la flore algérienne, les curiosités du présent et les ruines du passé.

Et pour y prendre part, aucune démarche à faire, aucune formalité ennuyeuse à remplir. Il suffit de s'inscrire chez une personne désignée, et de déposer entre ses mains la somme nécessaire pour payer les frais du voyage.

Là ne se bornent pas les distractions de la mondaine Alger. Nous en passons et des meilleures : fêtes données au Stand par la Société de Tir, matinées enfantines au square Bresson, courses de Mustapha, pèlerinages arabes, cavalcades, bals de bienfaisance, expositions de tableaux algériens, cérémonies musulmanes du Baïram, du Mouloud et du Ramadan. Il y en a presque tous les jours ; mais ce qui fait d'Alger une station d'hiver incomparable, ce n'est pas le nombre et la variété des plaisirs qu'on peut s'y procurer, c'est la douceur et l'égalité de son climat, la pureté de son ciel, la limpidité de ses horizons, la beauté de ses campagnes ; c'est aussi l'accueil facile et la cordiale hospitalité de tous ses habitants.

XX

L'ADMINISTRATION ALGÉRIENNE

Plus étendue que la France, l'Algérie ne forme cependant que trois provinces, disons mieux, trois départements : Alger, Oran, Constantine. Contrairement à l'usage adopté dans la métropole, ces départements ont pris le nom de leurs villes principales, au lieu de l'emprunter aux montagnes qui les sillonnent, aux cours d'eau qui les arrosent. Si le projet en ce moment à l'étude se réalise, si l'Afrique française est partagée en six ou sept circonscriptions départementales, la Seybouse, le Chéliff, le Djurjura, l'Aurès, pourront servir à désigner les nouvelles divisions.

Déjà, du reste, les ambitions s'éveillent, les compétitions se dessinent. Bône, Guelma, Sétif, Orléansville, attendent avec impatience le jour où elles ne seront plus de simples sous-préfectures. Ce sera une réforme dispendieuse, mais il est certain qu'elle ne tardera pas à devenir nécessaire.

Comme nous l'avons déjà dit, l'Algérie est administrée par un gouverneur général civil, qui réside à Alger. A côté de lui, un commandant de corps d'armée a sous ses ordres toutes les troupes qui forment le dix-neuvième corps et qui comprennent, outre les régiments envoyés de France, les régiments spéciaux à l'Afrique, comme les spahis, les tirailleurs algériens, plus connus sous le nom de turcos, les bataillons d'infanterie légère, communément appelés zéphyrs, la légion étrangère et les compagnies de discipline. Un contre-amiral dirige les forces de mer.

Le gouverneur général est assisté d'un conseil de gouvernement et d'un conseil supérieur.

Le premier se compose du secrétaire général du gouvernement, de quatre conseillers choisis parmi d'anciens administrateurs ayant fait ordinairement leur carrière en Algérie, et des principaux chefs de service : archevêque, généraux, préfets, premier président, procureur général, recteur. Dans le second prennent place, à côté des membres du conseil de gouvernement, six délégués des conseils généraux. Le conseil supérieur discute le budget, l'assiette et la répartition des impôts, et émet des vœux sur les questions qui intéressent la colonie. C'est un parlement au petit pied, dont la compétence est incontestable et où les discussions sont instructives.

Trois sénateurs et six députés représentent et défendent l'Algérie dans les Chambres. Ils sont élus par les électeurs français.

Chaque département a à sa tête deux administrateurs, le préfet pour le territoire civil, et le général de division pour le territoire militaire.

Le territoire civil est ordinairement situé dans le Tell. C'est la partie la mieux colonisée du département, et la plus peuplée d'Européens. Il comprend deux sortes de communes : la commune de plein exercice, dont les habitants ont les mêmes droits que dans la métropole et élisent leur maire et leur conseil municipal, et la commune mixte, où les colons sont peu nombreux, et qui est dirigée par des administrateurs et des commissions municipales que nomment les préfets ou les généraux.

Le général commandant la division a pour le territoire militaire les mêmes pouvoirs que le préfet pour le territoire civil. Sous ses ordres sont placés les commandants de subdivision, les commandants de cercles et les bureaux arabes, qui servent d'intermédiaires entre l'autorité française et les chefs des tribus.

Quand le chef-lieu du cercle forme une commune mixte, comme Djelfa, Laghouat, Géryville, le commandant du cercle est en même temps maire de la commune. Il y a aussi des communes indigènes ; elles n'existent qu'en territoire militaire, et parmi les populations arabes où n'a pu encore pénétrer aucun élément européen.

L'Algérie compte en ce moment 329 communes, dont 232 de plein exercice, 84 mixtes et 13 indigènes. Le territoire militaire, qui s'amoindrit de jour en jour, ne comprend que 6 communes mixtes et les 13 communes indigènes. Par leur étendue et par le chiffre de leur population, ces communes sont quelquefois l'équivalent d'un arrondissement de France. Ainsi, la commune des Issers a près de 70,000 habitants, celles de Laghouat et d'Ammi-Moussa en ont plus de 50,000. Quant à leur superficie, elle varie ordinairement entre 20,000 et 70,000 hectares.

Ce dualisme dans l'administration, ce mélange des pouvoirs civil et militaire, ont suscité bien des discussions et bien des polémiques. Elles ne sont pas près de finir. Deux partis extrêmes, irréconciliables, sont en présence : les assimilateurs et les autonomistes.

Sans tenir compte de la situation particulière de la colonie, sans se préoccuper de la population indigène qui n'accepte pas notre domination sans arrière-pensée, les premiers voudraient pour l'Algérie l'application du droit commun, la suppression immédiate du gouvernement général, le rattachement complet des différents services aux ministères compétents. Il n'y aurait plus de colonie, il y aurait simplement quelques départements de plus. C'est une solution simple et facile en apparence et séduisante en théorie, mais irréalisable dans la pratique. Il faudrait, si l'assimilation avait lieu, donner aux indigènes tous les droits du citoyen. Que deviendraient alors, perdus au milieu de plus de trois millions de Musulmans, les deux cent cinquante mille Français qui habitent l'Algérie? Le royaume arabe, cette fameuse conception qui a soulevé tant de critiques et tant de débats, serait aussitôt créé, au grand détriment de l'influence française. Le jour viendra, plus ou moins prochain selon les événements, où l'organisation politique de l'Afrique du Nord ne différera en rien de celle de la France ; c'est le but qu'il faut atteindre ; mais pour le moment, comme le dit avec raison M. Wahl, « il serait puéril de prendre nos espérances pour des réalités et de considérer comme un fait accompli ce qui n'est encore qu'un souhait patriotique ».

Les autonomistes, au contraire, voudraient un régime particulier, une organisation spéciale, comme dans les colonies anglaises : un gouverneur, représentant l'autorité métropolitaine, et à côté de lui, pour ne pas dire au-dessus, un parlement local qui établirait le budget et voterait les lois applicables à la colonie. Ce serait une vie à part et, en quelque sorte, un État dans l'État. La situation serait nette et précise ; mais les idées séparatistes, timides et honteuses jusqu'à présent, ne tarderaient pas à se faire jour, et finiraient peut-être par constituer un danger sérieux.

Entre des systèmes si opposés et des opinions si divergentes, le plus sage est de s'en tenir à l'ancienne devise : *in medio stat virtus,* et de chercher un terrain de conciliation. Ce qui importe surtout en ce moment, c'est de peupler l'Algérie. A l'époque, malheureusement trop éloignée, où la population européenne sera, dans le territoire civil, aussi nombreuse que la population indigène, l'assimilation complète sera chose facile. Jusque-là, soyons prudents, et gardons-nous d'aller trop vite.

Déjà les différents services civils ont été rattachés aux ministères compétents, et cet essai n'a pas toujours été heureux, surtout au point de vue de la prompte expédition des affaires. Que serait-ce si on voulait tout uniformiser, si la taxe foncière était établie, si les contributions indirectes étaient les mêmes qu'en France, si les indigènes étaient soumis aux mêmes impôts que les habitants de la métropole? Comme tous les pays nouveaux et dont toutes les ressources ne sont pas mises en œuvre, l'Algérie est favorisée et elle a besoin de l'être. Et cependant elle paye au Trésor près de quarante millions, sans compter les quatorze millions des budgets départementaux, et les dix-huit millions des budgets communaux, soit un total de plus de soixante-dix millions de recettes, auxquels on peut ajouter en partie les produits des impôts arabes, le *hockor,* l'*achour,* le *zekkat* et la *lezma.*

Le *hockor,* qui n'est perçu aujourd'hui que dans la province de Constantine, et qui s'appelait le *guetcha* dans la province d'Oran, est une simple redevance de loyer ou de fermage pour les terres *arch,* terres concédées ou confisquées, sur lesquelles la tribu n'a qu'un simple droit de jouissance. Cette redevance est ordinairement fixée à vingt-cinq francs par *paire de bœufs,* mesure indigène connue sous le nom de *djebda,* et dont la contenance varie de huit à douze hectares.

L'*achour* est une dîme sur les récoltes, un impôt religieux sur les terres cultivées.

Le *zekkat* est un impôt sur les bestiaux, dont les tarifs sont arrêtés chaque année par le gouverneur général. Voici le taux actuel par tête de bétail : chameau, quatre francs ; bœuf, trois francs ; mouton, vingt centimes ; chèvre, vingt-cinq centimes.

Enfin, sous le nom générique de *lezma,* on comprend l'impôt sur les palmiers et les droits de capitation spéciaux à la Kabylie.

Un dixième des contributions arabes est abandonné aux chefs indigènes pour frais de recouvrement. Les budgets communaux en absorbent aussi une grande partie ; et c'est une de leurs principales ressources avec l'*octroi de mer,* prélèvement de cinq pour cent perçu par l'administration des douanes, dans les villes du littoral sur les denrées arrivant par les navires, et aux frontières de terre sur tous les produits tunisiens et marocains passibles d'un droit à l'entrée par mer.

« Le produit de chaque province est centralisé et réparti entre les communes de plein exercice et les communes mixtes des deux territoires, au prorata de leur population. Dans les communes de plein exercice, chaque Français et chaque étranger sont comptés comme une unité ; les Israélites et les indigènes musulmans comptent pour un huitième. Dans les communes mixtes, les Français et les étrangers comptent pour une unité ; les Israélites et les musulmans, pour un quarantième seulement de leur population effective [1]. »

L'octroi de mer a rapporté en 1885 plus de sept millions et demi.

Si les assimilateurs l'emportaient, la substitution complète du système d'impôt métropolitain à ce système particulier serait une source inépuisable de difficultés et d'agitation ; si, au contraire, les autonomistes triomphaient, et si l'Algérie essayait de mettre en pratique le *fara da se* de l'Italie, il faudrait développer outre mesure le budget sur ressources spéciales et faire peser sur les colons et les Arabes des charges accablantes.

C'est là, du reste, une grosse question que nous n'essayerons pas de résoudre, que nous nous contenterons d'indiquer. Ces difficiles problèmes n'entrent pas dans notre modeste cadre ; à d'autres le soin de les discuter.

---

[1]. *État de l'Algérie,* publié par les soins du Gouvernement général, p. 49 ; Alger, 1883.

XXI

LA JUSTICE EN ALGÉRIE

Les Français qui résident en Algérie, les autres Européens et les Israélites naturalisés sont soumis aux mêmes lois que les habitants de la métropole. Il n'y a pas de code particulier, et l'organisation judiciaire est la même. Elle comprend une cour d'appel, dont le siège est à Alger; quatre cours d'assises, malheureusement trop occupées, à Alger, Bône, Constantine et Oran ; seize tribunaux de première instance, et de nombreuses justices de paix, dont plusieurs à compétence étendue.

Les magistrats algériens doivent produire les mêmes titres et justifier des mêmes grades que leurs collègues de France. On est même plus exigeant, car personne ne peut prétendre à un poste de juge de paix s'il n'est au moins licencié en droit.

En matière correctionnelle et criminelle les indigènes sont justiciables des tribunaux français; mais en matière civile, pour les discussions relatives aux mariages, aux divorces, aux transactions diverses, ils ont leurs juges spéciaux, les cadis. Les crimes et délits commis en territoire militaire sont jugés par les conseils de guerre.

Au moment de la conquête, cédant à de bienveillants scrupules et dans la crainte de porter atteinte à des usages peu connus, l'autorité française conserva tous les tribunaux musulmans avec leur juridiction civile et criminelle.

« Dans tous les pays soumis à l'islamisme, dit M. de Chasseloup-Laubat, dans son remarquable rapport du 31 décembre 1859, la justice est d'une extrême simplicité dans sa forme : ce qui ne veut pas dire que les questions de droit ne se présentent souvent avec les plus difficiles complications ; ce qui est encore moins une preuve, surtout quand il s'agit des Arabes dont l'esprit est subtil, que les procès ne soient pas fort nombreux ; mais ce qui signifie toujours, Montesquieu l'a dit, que les garanties font défaut.

« Quoi qu'il en soit, voici quelle était l'organisation judiciaire indigène en 1830 ; en principe, au criminel comme au civil, un seul juge, le cadi ; un seul recours contre sa sentence, l'appel au souverain. Toutefois, en matière civile, les parties avaient le droit d'en référer au cadi mieux informé. Dans ce cas, ce magistrat réunissait le cadi du rite opposé au sien (les Arabes suivent le rite maléki, les Turcs le rite hanéfi, ainsi que les Coulouglis), des muphtis et quelques tolbas, et devant cette réunion, appelée *medjelès*, l'affaire se discutait de nouveau. Mais le cadi confirmait ou infirmait sa propre décision sans être tenu de céder à l'avis de la majorité.

« Le medjelès n'était donc pas un véritable tribunal ; c'était seulement une sorte de comité consultatif.

« En droit, il n'y avait d'autres recours contre cette dernière décision du cadi que le recours au souverain, sultan, pacha ou bey, le Coran lui faisant un devoir de se tenir chaque jour pendant quelque temps à la disposition de quiconque veut s'adresser à sa justice ; mais en fait, lorsqu'on n'avait point formé ce recours toujours difficile à introduire, on pouvait, sous le plus vain prétexte, recommencer la contestation devant un autre cadi, et bien souvent le procès n'avait d'autre terme que celui de la patience du plaideur le moins opiniâtre ou plutôt le moins riche, qui ne pouvait ou supporter les frais de déplacement auxquels son adversaire l'entraînait, ou lutter avec lui, il faut bien le dire, pour des dépenses d'un tout autre caractère. »

Cette organisation n'était pas sans danger ; dans trop de cas, malheureusement, la décision du cadi jugeant en dernier ressort et sans contrôle était dictée, non par sa conscience, mais par la situation ou par la fortune des parties. La justice était peut-être plus expéditive, mais elle était moins sûre et plus accessible à la corruption. De nos jours même, des magistrats musulmans ont été poursuivis et condamnés pour s'être laissé facilement séduire.

Aussi, après une expérience de quelques années, tous les jugements des cadis en matière criminelle ne purent être exécutés qu'avec le visa du procureur général. Dès 1841, tous les crimes et délits prévus par le code pénal furent déférés aux tribunaux français, et les décisions des magistrats musulmans en matière civile furent soumises à l'appel devant la cour.

Une modification des plus regrettables fut apportée en 1848 à cet état de choses. Divers décrets confièrent au ministère des cultes et de l'instruction publique toute l'administration concernant le culte chrétien, le culte israélite, les écoles françaises et juives, et soumirent les musulmans et les écoles arabes à l'autorité du ministre de la guerre, dans les attributions duquel resta aussi le service de la justice indigène.

« C'était un obstacle de plus élevé contre toute assimilation entre les deux peuples, et, en définitive, au point de vue des intérêts généraux de la civilisation, c'était rétrograder. »

Le décret du 1er octobre 1854, en confiant aux généraux et aux préfets la direction et la surveillance de la justice musulmane, ne fit qu'aggraver le mal. La justice indigène devint complètement indépendante de la justice française ; les medjelès furent élevés à la hauteur d'une juridiction souveraine ; de là de vives réclamations et des plaintes trop souvent fondées contre la partialité des tribunaux arabes, et l'impossibilité de faire réformer leurs jugements.

De sévères arrêts flétrirent, de temps à autre, les prévaricateurs ; et le décret du 31 décembre 1859 rendit aux magistrats français l'autorité nécessaire pour faire cesser de coupables abus. Tout en respectant et en maintenant la loi musulmane pour les conventions, les contestations civiles et commerciales et les questions d'état, il confia au premier président et au procureur général la surveillance de la justice indigène, et donna aux Arabes, avec la faculté de contracter sous l'empire de la loi française, le droit d'appel devant nos tribunaux.

Voilà où nous en sommes aujourd'hui. Les Israélites, citoyens français depuis 1871, ne peuvent plus bénéficier du statut personnel qu'ils avaient conservé et qui leur permettait la polygamie et le divorce ; mais les Arabes ont gardé en matière civile leur législation propre et leur code, le Coran.

Les cadis et leurs adjoints, les *adels,* sont nommés par le gouvernement. Les premiers adels portent le titre de *bach-adel* et font fonctions de *naïbs* ou suppléants ; les autres servent de greffiers. Le tribunal des cadis porte le nom de *m'hakma.*

A Alger, les cadis ont leur prétoire, le cadi maléki à la grande mosquée de la rue de la Marine, le cadi hanéfi à la mosquée de la Pêcherie. La justice est ainsi à l'ombre de la religion. D'ailleurs, point de pompe ni d'apparat. La salle d'audience est une petite pièce de quelques mètres carrés. Pour tout mobilier, quelques planches avec des registres poudreux, une table pour le cadi, deux bancs pour les adels. Entre ces deux bancs est étendu un vieux tapis sur lequel s'accroupissent les plaideurs. Il y a place tout au plus pour douze personnes; mais la grande porte, seule ouverture de la salle, n'est jamais fermée, et de la cour de la mosquée on peut voir et entendre tout ce qui se fait et se dit. Impassible sur son siège, comme un sénateur sur sa chaise curule, le cadi écoute sans impatience les adversaires qui font appel à son savoir, ou les *oukils* qui les représentent, comme nos avocats et nos avoués. Les adels font courir sur le papier leurs plumes de roseau, tandis que les autres plaideurs, en attendant leur tour, prêtent une oreille distraite aux témoins et aux défenseurs. Les uns se promènent, l'air rêveur et soucieux, pesant leurs chances de succès, en quête de nouvelles preuves; les autres sommeillent paisiblement; celui-ci discute avec la partie adverse; celui-là, confiant dans sa cause, donne à l'oukil ses dernières instructions. Tout à coup des cris aigus retentissent : c'est une femme que son mari veut répudier, et qui proteste, avec force éclats de voix, contre ce procédé peu galant et qu'elle trouve immérité. Tout le monde s'approche, car les enfants d'Adam sont aussi curieux que les filles d'Ève, et c'est avec un malin plaisir qu'on entend les dures apostrophes que se prodiguent ces époux mal assortis. La Mauresque s'emporte et tempête, dans la pièce réservée aux femmes, derrière le grillage protecteur qui la sépare de la salle d'audience, et qui, s'il cache en partie sa figure, n'en laisse pas moins apercevoir ses gestes irrités et ses yeux fulgurants. Le cadi rétablit l'ordre, prononce son jugement et appelle une autre affaire.

Tout cela sans éclat, sans l'appareil imposant dont nous entourons nos tribunaux. Ici, point de gardiens en armes, point de magistrats en robes rouges. Ce n'est pas un juge qui menace, c'est un père de famille qui règle un différend. C'est surtout dans les tribus que cette institution de la justice musulmane revêt un caractère patriarcal. Le cadi va s'asseoir sous une tente, à l'ombre d'un palmier, et c'est là qu'il rend ses arrêts, comme le faisaient, aux temps bibliques, Abraham et Jacob, sur les terres de Chanaan ou de Gessen.

Quoique soumise à revision, son autorité est généralement reconnue. Grâce à la vigilance des chefs de la magistrature, les prévarications deviennent de plus en plus rares, et le temps n'est plus où cadis et bach-adels se vendaient au plus offrant.

Autrefois c'était au medjelès qu'on en appelait des décisions des cadis. Ces différends se vident aujourd'hui devant la cour d'appel, dont la plupart des membres ont étudié et connaissent à fond la législation musulmane. Ils sont d'ailleurs assistés dans leurs délibérations par des assesseurs indigènes, choisis parmi les Arabes les plus honnêtes et les plus éclairés.

On le voit par ce court exposé, rien n'a été négligé pour ménager les susceptibilités de ce peuple conquis et encore peu soumis; on lui a donné toutes les garanties; on a respecté, jusqu'à l'excès peut-être, ses usages et ses mœurs; on a laissé malheureusement échapper, après l'insurrection de 1871, l'occasion de lui imposer le code civil. Nous ne sommes pas de ceux qui voudraient refouler les Arabes dans le désert; nous croyons qu'ils peuvent vivre à côté de nous, se pénétrer des idées modernes, se civiliser en un mot, mais à la condition d'être bien persuadés que nous sommes les maîtres, et que, si nous devons laisser toute liberté aux consciences, nous ne pouvons pas sans danger tolérer de coupables attentats.

Naturellement voleur et menteur, l'indigène entrave par tous les moyens possibles l'action de la justice, et on ne se fait pas idée du temps, de la patience et de la sagacité qu'il faut à nos magistrats pour instruire les causes criminelles. Des forfaits épouvantables viennent de temps en temps semer dans la colonie l'épouvante et l'horreur, et il nous est pénible d'ajouter qu'ils ne sont pas toujours punis avec assez de fermeté. Nous comprenons l'indulgence envers celui qui se laisse égarer par la passion ou la colère; mais la société a le droit et le devoir de se défendre contre la bête féroce qui fait de l'assassinat un métier, et qui tue pour le plaisir de tuer.

Tout récemment, dans une audience solennelle, la cour d'Alger entérinait la commutation de peine de vingt-deux Arabes condamnés à mort. C'est trop oublier peut-être qu'il n'y a point de colonisation possible sans la sécurité, et que, pour nos populations algériennes, il n'y a qu'un pas de la clémence à la faiblesse.

XXII

L'ESCADRE A ALGER

Les différents ports de l'Algérie comprennent environ cinq mille marins de toutes catégories, patrons, matelots ou novices, et près de quinze cents bateaux. Ils se livrent principalement à la pêche du poisson sur toute la côte, et à la pêche du corail dans les environs de la Calle. Le produit de ces industries dépasse, année moyenne, quatre millions de francs. Le mouvement de la navigation devient de plus en plus important. Ainsi, le nombre des navires et bateaux entrés dans nos divers ports algériens s'est élevé de sept mille quatre cent soixante-sept pour 1881 à neuf mille trois cent soixante-dix pour 1882.

Un contre-amiral, en résidence à Alger, a sous ses ordres les bâtiments attachés à la station navale et les officiers et agents affectés au service du littoral ou de l'inscription maritime. Il habite, dans l'ancien îlot de la marine, relié à la terre ferme par une forte jetée, au pied du grand phare, à l'abri des batteries puissantes qui ont remplacé le Penon, fort construit par les Espagnols en 1510 et occupé par eux jusqu'en 1530, un large pavillon, surmonté d'un dôme, bâti par les Turcs vers 1820.

C'est une charmante demeure que l'Amirauté, avec sa vue splendide du port et de la baie. Toujours intéressant à contempler avec ses nombreux paquebots, ses navires de toute nationalité, les embarcations qui volent sur les flots, légères comme des mouettes, le port d'Alger présente un merveilleux panorama quand l'escadre d'évolutions vient y séjourner quelque temps.

Nous avons pu, tout récemment, jouir de ce spectacle.

Avant d'entreprendre une campagne d'été dans l'océan Atlantique et la

Manche, l'escadre cuirassée a montré le pavillon français sur tout le littoral de la Tunisie et de l'Algérie, où la population l'attendait avec impatience. On savait que de Tunis et de Bône elle devait se rendre à Alger ; on connaissait le jour, je dirais presque l'heure de l'arrivée.

Aussi, dès que les vigies signalèrent son approche, dès qu'elle eut dépassé la pointe Matifou, les boulevards, les quais, les remparts, les jetées, ne tardèrent pas à se couvrir de spectateurs. Au loin, dans la brume matinale, on apercevait ces masses gigantesques émerger rapidement des flots, se dessiner de mieux en mieux, et s'avancer en bon ordre comme une armée en bataille. Cinq cuirassés de premier rang : le *Richelieu*, portant le pavillon du vice-amiral Jaurès, commandant en chef ; le *Trident*, l'*Amiral-Duperré*, le *Marengo* et le *Redoutable*, un garde-côtes, forteresse flottante ; le *Tonnerre*, deux avisos aux formes gracieuses et élancées, à la marche rapide, le *Renard* et l'*Hirondelle*, et enfin deux bateaux torpilleurs, longs cigares de tôle, sans mâture, disparaissant sous la moindre vague, mais recélant dans leurs flancs étroits de formidables engins de destruction, viennent successivement jeter l'ancre dans le port militaire, aux emplacements désignés. A côté de ces navires énormes, noires citadelles aux murailles de fer, les paquebots des Messageries maritimes et de la Compagnie transatlantique paraissent, malgré leurs grandes proportions, bien chétifs et bien petits. Chacun de ces cuirassés, avec ses sept ou huit cents hommes d'équipage, est une véritable ville. A chaque instant, des canots s'en détachent, soit pour aller aux provisions, soit pour porter à terre les officiers et les matelots ; et c'est plaisir de voir, sur les eaux calmes et sombres, glisser, comme un oiseau de mer, ces blanches embarcations.

C'est un mouvement incessant, un va-et-vient continuel. On se croirait à Brest ou à Toulon. Aussi tout le monde est en joie, et l'hospitalière Alger se prépare à recevoir dignement ses vaillants visiteurs.

Les fêtes se succèdent. Le commandant de la marine en Algérie, le général en chef, la municipalité, le Cercle du commerce, accueillent tour à tour nos braves officiers. C'est une série ininterrompue de soirées et de bals, et, comme le dit éloquemment, dans une chaleureuse allocution, le bâtonnier de l'ordre des avocats, la population « est heureuse et fière de pouvoir témoigner ses sympathies et payer son tribut de reconnaissance aux intrépides marins qui, à toutes les époques de notre histoire, et dans ces dernières années surtout, ont provoqué l'admiration de la France, et quelquefois même celle de nos ennemis[1] ».

Une politesse en appelle une autre, et comme nos officiers de vaisseau sont gens de goût et de savoir-vivre, ils veulent, avant de quitter Alger, offrir à leur tour quelques distractions et quelques plaisirs à la ville qui les a reçus avec tant de bonne grâce et de franche cordialité. Nous ne parlerons ni du simulacre de débarquement opéré sous les yeux d'une foule émerveillée, avec tant d'ordre, d'ensemble et de rapidité, ni de la marche militaire avec les musiques du *Richelieu* et du *Trident* et les obusiers traînés à bras, ni de l'aimable empressement avec lequel ces rudes loups de mer se mettent à la disposition de la multitude qui monte chaque après-midi à l'assaut des cuirassés. Avec une complaisance à toute épreuve, les matelots chargés de ce service font parcourir le bâtiment dans toutes ses parties, des passerelles à la cale, et montrent avec orgueil et confiance les tubes à torpilles, et les monstrueux canons de trente-quatre qui lancent, nous assure-t-on, des obus de quatre cents kilos. Que d'efforts, que de science, que d'argent dépensés dans un but de ruine et de destruction ! Pour broyer un de ces navires dont les mâts se dressent jusqu'aux nues, dont la quille laboure les flots à neuf mètres de profondeur, pour ensevelir sous les vagues un nombreux équipage, pour anéantir en une seconde le résultat de plusieurs années de labeur incessant, il suffit d'un de ces engins que le génie malfaisant de l'homme perfectionne de jour en jour !

Ces tristes réflexions se présentent naturellement à l'esprit, lorsqu'on visite un bâtiment de guerre, et qu'on admire, avec un étonnement mêlé de frayeur, ces formidables instruments de mort. Et cependant, sous la main industrieuse de nos matelots, comme sous la baguette magique d'une fée, ces noirs cuirassés, à l'aspect sombre et terrible, deviennent en un clin d'œil d'immenses et somptueux salons. Nous avons pu nous en convaincre dans la soirée du 19 mai.

Une fête de nuit était offerte à la population algérienne, à bord du *Richelieu*, par l'amiral Jaurès et les officiers de l'escadre. De nombreuses invitations avaient été lancées. Aucun des heureux conviés n'a manqué à l'appel, malgré une pluie battante et un épouvantable orage.

---

1. Discours de M. Honel, président du Cercle du commerce, bâtonnier de l'ordre des avocats, à la soirée du 17 mai 1884.

Des arcs de verdure avaient été dressés aux embarcadères de la Pêcherie et de la Gare, et tous les canots de la flotte étaient à la disposition des invités pour les transporter au vaisseau amiral mouillé dans le port militaire. Petite traversée de vingt minutes environ. Par ce mauvais temps l'embarquement est difficile, pour les dames surtout ; mais rien n'effraye une Algérienne, quand il s'agit d'aller au bal. On arrive à la hâte, enveloppé dans un long pardessus ou emmitouflé dans une coquette pelisse ; on se précipite dans la chaloupe, on s'y presse sans ménagement, et quand il n'y a plus de place : « Poussez ! » crie l'aspirant de service. Le canot file sous la pluie, contre laquelle une épaisse toile est impuissante à nous protéger, tantôt perdu dans l'ombre, tantôt vivement éclairé par les rayons de lumière électrique que projettent au loin de puissants appareils. C'est un spectacle grandiose. Chaque navire dirige tour à tour ses jets lumineux, irradiant en cônes immenses, sur les embarcadères, les quais, la Kasba, le *Richelieu*. C'est une illumination fantastique. Les coupoles des mosquées jaillissent brusquement de la nuit, sous ces éclairs rapides ; la ville mauresque, aux blanches terrasses, resplendit, comme un palais de marbre, sous ces feux d'apothéose. Et dans la mer agitée par les rafales, chaque vague est changée en fournaise, et dans leurs mouvements cadencés les rames des embarcations soulèvent et laissent retomber en cascades étincelantes d'épaisses gerbes de diamants.

Nous arrivons, non sans regrets, tant cette vue est admirable, au vaisseau amiral. Ici, nous marchons de surprise en surprise. La transformation est complète : l'appareil de la guerre a disparu, tout est prêt pour le plaisir.

Le pont du navire est une vaste salle de bal. Comme plafond, une voile qui ondule sous le souffle des vents ; comme murs, des pavillons multicolores aux reflets chatoyants ; comme décoration, des fleurs et des arbustes, des rocailles, des coquillages, des jets d'eau, des lustres de tous modèles, des trophées et des panoplies. Au pied des mâts se dressent, avec leurs casques aux yeux énormes, des scaphandres, sentinelles immobiles et silencieuses, semblables à ces armures du moyen âge qui ornent nos musées. Partout de la verdure et des lumières, et dans ce cadre féerique les plus jolies femmes de la colonie, l'aristocratie étrangère et tout le monde officiel.

Aucune de nos gracieuses Algériennes n'est absente, et les brillants uniformes des officiers de tout ordre, des fonctionnaires, des consuls, se marient de la façon la plus harmonieuse aux riches toilettes et aux bijoux qui font si bien ressortir la beauté.

Les deux musiques de l'escadre jouent alternativement. De neuf heures du soir à cinq heures du matin, les danses se succèdent, et chacun fait de son mieux pour profiter jusqu'à la fin de cette fête, qui, hélas! n'aura pas de lendemain. En effet, l'escadre doit appareiller dans la matinée pour rentrer à Toulon ; aussi au moment de quitter le bord, plus d'un sein palpite, plus d'un œil se mouille, et c'est avec une douce tristesse que nous disons au revoir à ces hôtes de quelques jours.

Moins de deux heures après le départ des invités, il ne reste plus trace de la fête, et, comme par enchantement, le *Richelieu* a repris son air sévère et son allure martiale. Midi sonne, l'escadre se met en route, et la population se presse sur les quais, la salue de ses acclamations et l'accompagne de ses vœux sympathiques. Ce ne sont pas des visiteurs indifférents qui s'éloignent ; ce sont des amis qui nous quittent.

Nous ne voyons pas sans regrets disparaître dans la brume lointaine ces mâts au sommet desquels flotte la flamme aux trois couleurs, glorieux symbole de la patrie ; et en retour, sur ces vaisseaux, plus d'un regard attendri cherche à l'horizon les dômes brillants de la ville hospitalière, plus d'un cœur garde un cher trésor d'émotions et de souvenirs.

XXIII

L'INSTRUCTION EN ALGÉRIE

Au risque de paraître soutenir un paradoxe, nous affirmons hardiment qu'il y a peu de contrées en France où l'instruction soit plus répandue qu'en Algérie. Cette colonie, née d'hier et encore si peu connue, s'est toujours imposé de lourds sacrifices pour fournir à ses enfants la nourriture de l'esprit. Bien avant la loi du 16 juin 1881, les communes algériennes, devançant la métropole et lui donnant l'exemple, avaient adopté et établi le principe de la gratuité de l'enseignement primaire. Tous les gouverneurs généraux qui se sont succédé à Alger, les assemblées délibérantes, les nombreux écrivains qui ont essayé de faire connaître ce beau pays, tous ceux, en un mot, qui s'intéressent à l'avenir de cette nouvelle France, ont été d'accord pour reconnaître que « l'école est le moyen le plus puissant, et peut-être le seul efficace de rapprocher les races si diverses qui la peuplent ».

Rien n'a été négligé pour atteindre ce but, et le nombre toujours croissant des écoles algériennes montre avec quelle sollicitude on le poursuit. L'Algérie compte actuellement 860 écoles, dirigées par 1,500 maîtres et suivies par environ 65,000 élèves. Ajoutons-y 200 salles d'asile fréquentées par près de 25,000 enfants, et 150 cours d'adultes qui réunissent 4,000 auditeurs, et nous aurons une idée des efforts accomplis et des progrès réalisés. La création des écoles kabyles et l'application de la loi sur l'obligation de l'instruction primaire ont donné une nouvelle et vigoureuse impulsion à cet enseignement. « Pour ce qui regarde l'instruction des Européens, écrivait M. l'inspecteur général Glachant dans son rapport du 26 mai 1886, la France a fait en cinquante ans autant et plus que les peuples renommés pour leur aptitude colonisatrice. Ni les Anglais dans l'Inde, ni les Hollandais à Java, ni même les Américains dans l'Ouest, ne sauraient rien citer de comparable à la création méthodique et rapide de nos écoles d'Algérie. »

Malheureusement, l'obligation ne peut pas être, du moins en ce moment, décrétée pour la population indigène ; et cependant c'est surtout à elle que nous devons nous adresser, c'est à la diffusion de notre langue dans les douars et les tribus que nous devons songer principalement. Bien des obstacles s'élèvent : nombre des enfants à instruire, éloignement des centres de colonisation, manque absolu de locaux, insuffisance du personnel, apathie et résistance des indigènes. L'administration académique a une lourde tâche à remplir et un grand but à atteindre. Des résultats incontestables ont déjà été obtenus, et la mission de M. Foncin et le voyage de M. Buisson n'ont pas été inutiles. Des cours spéciaux aux Arabes ont été établis dans les écoles normales d'Alger et de Constantine ; on recrute, pour en faire des moniteurs, les enfants les plus intelligents et les plus dociles, et dans un avenir assez rapproché on pourra avoir un personnel suffisant. Une société qui a déjà fait de grands progrès, l'*Alliance française*, placée sous de hauts patronages, va joindre ses efforts à ceux du gouvernement, et tout nous fait espérer que notre langue se propagera bientôt dans les tribus les plus reculées. On a répété maintes fois, non sans une certaine exagération, que c'est le maître d'école allemand qui nous a vaincus en 1870 ; nous affirmerons à notre tour, et sans crainte d'être contredit, que c'est par l'instituteur français que l'Algérie sera civilisée et définitivement soumise.

Si l'enseignement primaire est prospère dans notre belle colonie, l'enseignement secondaire n'y est pas moins florissant. Deux lycées, Alger et Constantine, auxquels on peut dès à présent ajouter Oran, et neuf collèges communaux préparent aux carrières libérales la jeunesse des trois provinces. Ces établissements sont en général magnifiquement installés. Ce ne sont pas, comme la plupart de nos maisons scolaires de France, de vieux couvents appropriés tant bien que mal à une nouvelle destination ; ce sont des bâtiments neufs, aux vastes salles, aux cours spacieuses, bien situés et intelligemment aménagés. L'État et les communes font largement les choses en Algérie, quand il s'agit de l'instruction publique. Le lycée d'Alger est un vrai monument ; c'est l'édifice moderne le plus remarquable de la ville. Placé au pied du boulevard Valée, adossé aux vieux remparts, bordé au nord par les arbres et la verdure du jardin Marengo, séparé de la mer par le Fort-Neuf et l'esplanade Bab-el-Oued, il produit le plus bel effet avec son majestueux portique aux onze arcades, ses trois corps de logis aux innombrables fenêtres, et l'escalier grandiose, digne d'un palais, qui donne accès dans la cour d'honneur. Sur les trois mille cinq cents jeunes gens qui suivent dans notre colonie les cours de l'enseignement secondaire, le lycée d'Alger, avec son annexe de Ben-Aknoun, en abrite à lui seul onze cents. Et ce n'est pas seulement au point de vue de l'installation matérielle et du nombre des élèves qu'il peut être compté parmi les établissements les plus prospères et les plus importants de l'Université, c'est aussi au point de vue de la force des études.

Fondé en 1835, le collège d'Alger fut d'abord établi dans une maison mauresque de la rue des Trois-Couleurs, qui ne tarda pas à devenir trop étroite. On le transporta alors dans une ancienne caserne de janissaires de la rue Bab-Azoun, et le 21 septembre 1848, il fut érigé en lycée. Il avait une population de 190 élèves. Cette population s'accrut d'année en année. Elle était de 500 en 1861, et cette progression constante détermina l'administration à construire l'édifice actuel, dont on entra en possession le 6 octobre 1868. Dix ans après, on atteignait le chiffre de 1,000 élèves, qui a toujours été dépassé depuis, et, consécration officielle de cette prospérité, un décret du 22 juillet 1880 élevait le lycée d'Alger à la première catégorie.

Récompense bien méritée, si on considère les succès obtenus. De 1874 à 1884, c'est-à-dire dans un espace de dix ans, 39 élèves sont sortis de cette maison pour entrer dans les grandes écoles : 12 à l'École polytechnique, 6 à l'École normale supérieure, 2 à l'École centrale et 19 à l'École de Saint-Cyr. Parmi ces derniers on remarque un indigène, et on regrette de n'en trouver qu'un. Le lycée d'Alger est un lycée cosmopolite. A côté des fils de fonctionnaires ou de colons algériens, des jeunes Européens à la poitrine délicate qui viennent demander à la blanche El-Djezaïr le soleil et la santé, on y voit des Cochinchinois, des Sénégalais au teint d'ébène, et de nombreux Arabes. Jadis, pour initier à nos idées et à nos mœurs les fils des grands chefs, l'administration militaire avait créé deux collèges spéciaux, à Alger et à Constantine. On n'y admettait que des indigènes. Ils y vivaient leur vie ordinaire, ne parlant que leur langue, n'ayant aucun rapport avec les jeunes Français. L'amiral de Gueydon eut l'idée de réunir les deux maisons ; et le 6 novembre 1871, les élèves européens, rangés dans la grande cour, accueillirent avec un joyeux empressement les étudiants arabes, dont le brillant costume oriental, veste rouge aux broderies d'or, chechia à long gland, culotte bouffante bleu clair, bas blancs et souliers découverts, tranchait fort agréablement sur les uniformes sévères du lycée. On a peut-être tort de laisser aux indigènes ce costume particulier. Il est coquet, il fait plaisir à voir ; mais il établit une différence, et nous voudrions au contraire une fusion complète. Le meilleur accord n'a jamais cessé de régner entre Arabes et Européens ; le musulman accepte sans peine la société du chrétien ; ce n'est que pour le juif qu'il éprouve et qu'il professe une invincible répulsion.

Mais ces amitiés d'enfance, ces liens sympathiques formés sur les bancs du collège, si francs, si désintéressés, si durables dans la métropole, ne s'établissent que bien rarement entre indigènes et Français. A peine le jeune Arabe a-t-il quitté le lycée, même pour aller en vacances, qu'il s'empresse de dépouiller le vêtement universitaire et de reprendre, avec le burnous et le haïk, toutes les habitudes de la tribu. De plus, son intelligence ne dépasse pas une certaine moyenne, nous le constatons sans l'expliquer; il étudie volontiers l'histoire et la géographie, mais est à peu près réfractaire aux sciences exactes; et, quelque pénible que soit cet aveu, nous devons dire qu'en fait d'enseignement secondaire, les résultats obtenus par les élèves indigènes ne sont pas en rapport avec les sacrifices que l'État s'impose pour eux. Nous ne sommes plus au temps où la civilisation arabe rayonnait sur le monde; le niveau intellectuel des descendants de Mahomet a considérablement baissé, et si les fils du désert peuvent nous fournir encore de robustes colons et d'intrépides soldats, ils ne nous donneront pas de longtemps des savants ou des ingénieurs. Sauf de rares exceptions, l'enseignement primaire leur suffit.

Il en est cependant qui suivent avec profit les cours de l'enseignement supérieur, soit pour la médecine, soit pour la législation.

La loi du 20 décembre 1879, en instituant à Alger quatre écoles supérieures, a comblé une regrettable lacune. Jusqu'à cette date, en dehors des *mederças* et des chaires publiques d'arabe, on ne trouvait dans toute l'Algérie qu'une école de médecine. Le droit, les sciences, les lettres, y sont aujourd'hui enseignés avec éclat et succès, et le temps est proche, nous l'espérons, où ces écoles qui ont fait leurs preuves prendront le titre, le rang et les prérogatives des facultés.

Plus de quatre cents étudiants suivent régulièrement les divers cours, et ce nombre ne pourra que s'accroître le jour où l'enseignement supérieur aura son palais sur le plateau d'Isly, comme l'enseignement secondaire a déjà le sien aux pieds de la Kasba.

Alors l'œuvre entreprise sera complétée, et, en fait d'instruction, l'Algérie n'aura plus rien à demander ou à envier à la France.

XXIV

LE JARDIN D'ESSAI

Pour trouver des buts de promenade aussi charmants que fréquentés, on n'a pas besoin, à Alger, de dépasser l'enceinte des fortifications. Le jardin Marengo, le square Bresson, les boulevards, offrent à qui veut en profiter, ceux-là leurs allées ombreuses, ceux-ci leur merveilleux panorama. C'est un plaisir dont on ne se lasse jamais et qui suffit à beaucoup d'Algériens ; mais ceux qui aiment les excursions pédestres, le grand air et les senteurs champêtres n'ont que l'embarras du choix, et sont amplement dédommagés de leurs légères fatigues par la beauté des paysages qu'ils rencontrent de tous côtés.

Franchissons les remparts, ceinture inutile et coûteuse que le génie militaire ne veut pas sacrifier et qui empêche le développement régulier de la ville ; traversons l'Agha et Mustapha ; longeons cet immense champ de manœuvres où la cité française, l'Alger nouvelle, aurait dû être édifiée, et à travers les constructions qui surgissent de jour en jour dirigeons-nous vers Hussein-Dey. A droite, les riants coteaux étalent leurs bosquets verdoyants et leurs blanches villas ; à gauche, tantôt calme et unie comme un miroir, tantôt agitée par la brise et légèrement frangée d'écume, la mer présente aux yeux son spectacle toujours varié et toujours imposant.

Adossé à la montagne, le cimetière arabe offre à nos regards ses monuments sans prétention, ses marabouts, ses stèles d'ardoise ou de marbre aux inscriptions emphatiques et ses plates-bandes aux mille fleurs. L'asile funèbre des musulmans ne ressemble en rien à nos nécropoles d'Occident, si tristes avec leurs allées régulières et leurs cyprès à l'ombre étroite. L'appareil de la mort n'a ici rien qui épouvante. Le corps, soigneusement lavé et purifié, est enveloppé d'un blanc suaire, déposé sur une civière que les fidèles croyants se font un devoir et un honneur de porter à tour de rôle, pendant que les imans et les tolbas chantent des versets du Coran. Pas de femmes, pas de pleurs. Les parents et les amis suivent en silence, avec cette résignation fataliste, cette dignité impassible qui caractérisent l'Oriental. Arrivé au champ du repos, le cortège s'arrête près de la fosse, dont les parois sont grossièrement maçonnées ; on y place le cadavre, la tête tournée du côté de la Mecque, on le couvre de larges dalles, et, après quelques invocations à Allah et à son prophète, on laisse, sans regrets apparents, celui qui a quitté les misères de cette vie pour les plaisirs éternels et les jouissances sans fin que Mahomet réserve à ses élus. Quand les Arabes vont au cimetière, le vendredi surtout, ils s'y rendent moins pour accomplir un acte religieux ou pour honorer une chère mémoire que pour passer une journée de plaisir. Ils emportent des provisions de toute espèce, du lait, de fraîches galettes, des quartiers entiers de mouton et le couscoussou traditionnel. Les familles s'installent à l'ombre des platanes ou des caroubiers, y dînent de bon appétit, y babillent sans scrupule, et quand vient l'heure de la sieste, pendant que les parents dorment sur l'herbe épaisse, les enfants, vêtus de brillantes étoffes, courent en liberté et jettent aux paisibles échos de la tombe les bruyants éclats de leur insouciante gaieté.

Non loin de là, coulent sans cesse les sources limpides du Hamma, en face de la plage fameuse où débarqua, le 24 octobre 1541, l'armée de Charles-Quint. Le puissant empereur avait réuni pour cette expédition les meilleures de ses forces. Elles vinrent échouer contre les remparts d'Alger, malgré la valeur des Pons de Balagner et des Villegagnon, et cette entreprise désastreuse ne fit qu'augmenter chez les pirates l'orgueil, le fanatisme et la haine des chrétiens.

Laissons à gauche le Jardin d'essai. Nous y reviendrons tout à l'heure. Voici l'Oued-Khrenis, vulgairement appelé le Ruisseau. Il coule dans une étroite et profonde déchirure, une gorge encaissée entre des rochers à pic. Ce ne sont plus les paysages algériens, on se croirait presque dans un coin de la Suisse ou dans un canton de l'Auvergne.

Mais le ciel est trop bleu, le soleil trop ardent, et les bananiers qui se balancent au souffle de la brise, les orangers couverts de fruits qu'on aperçoit au fond du ravin, vous rappellent à la réalité. C'est un des plus beaux sites des environs d'Alger. On l'appelle le « Vallon de la Femme Sauvage ».

A l'extrémité du vallon, dans une cuvette dont des collines escarpées forment les bords, se trouve le charmant village de Birmandréis. C'est un lieu de promenade très fréquenté. Sous les grands platanes de la place, les joueurs de boules d'Alger se livrent à leur exercice favori, pendant que de nombreux Arabes, accroupis ou allongés à la porte des cafés maures, contemplent avec étonnement ces Roumis qui se démènent et se fatiguent, quand il est si facile et si doux de ne rien faire. Le café d'Hydra, le marabout de Sidi Yahia, sont intéressants à visiter ; la voie romaine est délicieuse à parcourir avec ses voûtes de verdure ; mais il vaut mieux nous engager dans le chemin qui conduit à Kouba. A l'ombre des grands arbres, au milieu des pénétrantes senteurs que répandent l'aubépine au printemps, le doux cyclamen à l'automne, nous arrivons à un cimetière abandonné, où des oliviers séculaires, poussant en toute liberté, abritent de leurs branches entrelacées des tombes inconnues, et le marabout de Lella Meriem.

Voici maintenant Kouba, aux vins justement renommés, à la situation admirable. Le grand séminaire surtout est merveilleusement placé, sur le dernier chaînon du Sahel, d'où sa blanche coupole domine la plaine du Hamma et la rade tout entière. Les grands spectacles de la nature élèvent l'âme ; on n'aurait pu choisir un lieu plus propice pour inviter les jeunes lévites au recueillement et à la méditation.

La route descend ensuite en serpentant le long de la montagne, au milieu de jardins et de maisons de plaisance, vers le riant village d'Hussein-Dey, aux superbes plantations d'eucalyptus, aux riches cultures maraîchères. On aperçoit les batteries de la côte, le polygone et ses buttes, le camp d'artillerie, et par delà l'Harrach, au pied des collines couvertes de vignes, le fort de l'Eau et le lazaret de Matifou, triste et incommode séjour dont la vue n'éveille que des idées pénibles chez ceux qui, comme moi, ont eu à y subir une monotone quarantaine.

On revient vers Alger, on s'arrête un moment au café des Platanes, si bien décrit par Fromentin, et on entre au Jardin d'acclimatation, plus connu sous le nom de Jardin d'essai.

Ce jardin, où on s'est proposé de former une pépinière de tous les végétaux étrangers pouvant vivre et se développer en Algérie, où on élève l'autruche avec succès, a été créé en 1832, sous la direction de M. Hardy. Son étendue primitive était de cinq hectares ; elle est aujourd'hui de quatre-vingts.

Depuis le 11 décembre 1867, ce magnifique établissement a été cédé à la Compagnie algérienne ; mais cette société est tenue de lui conserver « la triple destination de promenade publique, de pépinière pour la production et la diffusion des végétaux indigènes, et enfin de jardin scientifique et d'acclimatation pour les végétaux exotiques ».

Au point de vue de l'art proprement dit, le Jardin d'essai n'a pas gagné à ce changement de propriétaire. C'est toujours un lieu d'agrément, c'est surtout une terre de rapport. Pas de comparaison possible avec un Bois de Boulogne ou un Jardin du Luxembourg. Ici, sauf quelques larges allées, quelque rond-point qu'il a fallu conserver, tout est cultivé et utilisé ; mais, comme le dit M. Paul Bourde, tel quel, c'est une merveille qui n'a assurément pas sa pareille en Europe.

Il se compose de deux parties, la partie plane et la partie montagneuse. La partie plane est divisée en carrés parallèles et coupée par trois grandes allées longitudinales. La première, l'allée des Platanes, est une immense avenue qui va de la route à la mer. On ne saurait décrire l'effet qu'elle produit lorsqu'on pénètre pour la première fois sous ces voûtes de feuillage, et qu'on aperçoit au loin, dans une trouée étroite, étinceler, sous les feux du soleil, les flots bleus de la Méditerranée. « La comparaison avec un berceau, dit avec raison Ch. Desprez, serait mesquine, injurieuse. On dirait plutôt la nef d'une cathédrale, nef de cent pieds de haut et de cinq cents mètres de long, avec une abside d'azur, des milliers de colonnes, des millions d'arceaux, et pour voûte un splendide vitrage au travers duquel les rayons, colorés de ces douces nuances qui rendent si mystérieux le demi-jour des temples gothiques, se jouent, se tamisent, se glissent, et vont retomber sur le sol en mosaïques de lumière. » Parallèle à l'allée des Platanes, l'allée des Palmiers-Dattiers, aux tiges élancées de huit à quinze mètres, aux régimes pendants, se termine par une oasis de soixante-douze sujets ; et plus loin, on contemple avec étonnement l'allée des Magnolias et des *Ficus Roxburghii*. Ce nom est étrange ; l'arbre qui le porte ne l'est pas moins, avec ses troncs bizarres, ses proportions énormes, ses racines qui tombent des branches vers le sol.

Trois avenues transversales, celle des Lataniers, celle des *Chàmœrops excelsa,* pardon! des Palmiers à chanvre, et celle des Bambous appellent aussi les promeneurs. Cette dernière est la plus surprenante. De minces et longues tiges, serrées en gerbes compactes, s'élèvent des deux côtés du chemin, se rejoignent et s'entrelacent à soixante pieds de hauteur, formant une ogive aiguë et un abri impénétrable au moindre rayon de soleil. On est en plein Nouveau Monde, dans une de ces forêts vierges dont les poètes ont décrit le mystérieux silence et la secrète horreur.

Allez maintenant dans les massifs : vous y trouverez, avec l'eucalyptus aux propriétés bienfaisantes, des plantes de toute espèce, le camphrier, le laurier-cannelle, l'arbre à savon, l'acacia à gomme, l'aralie, chère aux fumeurs, car sa moelle sert à confectionner le papier de riz; les yuccas, les jacarandas, les bananiers d'Abyssinie et toutes les fleurs du Mexique, du Pérou et de l'Australie.

Ici, dans une après-midi, on peut passer sommairement en revue la flore des cinq parties du monde ; mais le Jardin d'essai n'est pas seulement un lieu d'études pour les botanistes, c'est aussi un lieu de poésie et de repos.

Que de fois, après avoir parcouru ses larges avenues, n'ai-je pas, assis à l'ombre d'un palmier ou d'un latanier, coulé de courtes heures dans de longues méditations! Pendant que l'oiseau chante, invisible dans le feuillage, que la brise murmure dans les tiges flexibles des bambous, que le flot expirant sur la plage exhale sa plainte monotone, il est si doux de s'isoler, de se bercer de rêveries, et d'évoquer, dans l'oubli du présent, les souvenirs lointains, les chères images et la patrie absente, cette douce France que, malgré ses attraits, l'Orient ne fait pas oublier.

XXV

LE SAHEL ET LA MITIDJA

— On désigne sous le nom de *Sahel* (rivage) le massif de collines qui se succèdent, parallèlement à la côte, de l'embouchure de l'Harrach à l'Oued-Mazafran. Le point culminant de ce massif est le mont Bouzaréah, qui s'élève à quatre cent douze mètres, à l'ouest d'Alger, dont il est séparé par une ravissante vallée.

L'ascension du Bouzaréah est une des plus attrayantes excursions qu'on puisse faire. On y va par le chemin d'El-Biar, en passant sous le fort l'Empereur. La route n'est pas longue, neuf kilomètres à peine; elle est partout carrossable, mais il vaut mieux la faire à pied. On jouit alors à son aise des points de vue qui se renouvellent à mesure qu'on gravit la colline. On peut encore y monter directement par la route des Carrières. Le trajet est plus court et n'est pas moins pittoresque, avec les nombreux lacets du chemin, les villas arabes cachées sous les arbres, dans les profondeurs du ravin, et les troupeaux de chèvres qui paissent çà et là sur les flancs de la montagne. La montée est pénible, mais quel dédommagement quand on arrive au sommet!

Allez au poste de la Vigie, là où va bientôt se dresser l'Observatoire; regardez autour de vous, et pour peu que vous ayez le sentiment du beau, vous ne pourrez retenir un cri d'admiration. A vos pieds, la basilique de Notre-Dame d'Afrique, sur son promontoire que la mer vient battre ou caresser; à l'est, Alger et ses monuments, Mustapha et ses coteaux toujours verts, Hussein-Dey, Fort-de-l'Eau, Matifou, les crêtes dentelées du Djurjura; à l'ouest, Sidi-Ferruch et sa presqu'île, le Tombeau de la Chrétienne, les derniers plans de la Mitidja, la cime du Djebel-Chenoua, et comme fond à ce tableau merveilleux, comme encadrement à ces multiples paysages, la Méditerranée, qui resplendit sous les feux du soleil africain.

Le mont Bouzaréah, battu par tous les vents, est renommé à juste titre pour la salubrité de l'air qu'on y respire. Les étrangers aiment à s'y fixer, attirés par le charme du site et les avantages du climat.

Non loin du village européen, en pleine prospérité, on trouve sur un petit plateau une tribu arabe, ou pour mieux dire kabyle. On peut, en la parcourant, se faire une idée de la manière dont vivent les indigènes. Pour habitation, ils ont des gourbis, cabanes étroites et basses dont les murs en terre ont peine à supporter une faible toiture de branchage et de chaume. Il ne faut pas songer à entrer dans ces taudis ; ils sont impénétrables au Roumi, et si quelque audacieux voulait forcer la consigne, les chiens de la tribu la lui rappelleraient au besoin.

Lors de ma dernière excursion dans ces parages, j'ai été témoin d'une scène qui montre combien l'Arabe est brutal pour le sexe prétendu faible, et le respecte peu. Nous étions une trentaine de touristes ; et un photographe qui nous avait accompagnés, après nous avoir groupés au pied d'une Kouba entourée de magnifiques palmiers nains, disposait son objectif. Une femme de vingt-cinq ans environ, poussée par la curiosité, vint assister à ces préparatifs, et, sans prononcer un mot, fixait sur nous ses grands yeux étonnés. Tout à coup, un homme, son mari sans doute, s'élance sur elle, lui applique un soufflet retentissant, et, malgré ses sanglots et nos protestations indignées, la poursuit dans sa demeure en l'injuriant et en la frappant.

Rien de plus misérable en apparence et en réalité que les habitants de cette tribu. Ils n'ont d'autre ressource que le maigre produit de quelques lambeaux de terre mal cultivée. Ils sont couverts de haillons, et quand un étranger s'aventure dans le village, il est aussitôt entouré d'enfants demi-nus et de femmes en guenilles qui l'obsèdent de leur mendicité.

A côté et au-dessous du village, sur le versant ouest de la montagne, s'étend le cimetière arabe. Il a ceci de particulier qu'on n'y trouve aucun arbre ni aucun ombrage, et qu'au lieu d'avoir l'aspect riant des autres champs de repos musulmans, il est nu et désolé. De nombreuses pierres, placées verticalement, marquent l'emplacement des tombes. Le vent de la mer y souffle presque toujours avec violence, et on quitterait ce coin de terre avec un profond sentiment de tristesse, si on n'apercevait dans le lointain, s'étendant du Sahel à l'Atlas, le vert tapis de la Mitidja.

Mendiante arabe.

Ce mot signifie « la Couronnée »; et en effet les deux chaînes que nous venons de citer forment une vaste couronne autour de cette plaine féconde, la plus belle peut-être de l'Algérie.

De Marengo, à l'ouest, jusqu'à la mer, au nord-est, la Mitidja décrit un immense quart de cercle ayant 100 kilomètres de long sur 22 de largeur moyenne. Elle a une superficie de plus de 210,000 hectares. Son altitude, qui est de 240 mètres au pied de l'Atlas, varie généralement entre 50 et 100 mètres.

Avant l'arrivée des Français, cet immense territoire, habité par des tribus féroces, comme les Hadjoutes, était à peine cultivé. De nombreux et vastes marais, par leurs exhalaisons meurtrières, le rendaient sur beaucoup de points absolument inaccessible à l'homme. En certains endroits, s'il faut en croire un dicton arabe, les corneilles elles-mêmes ne pouvaient vivre.

Grâce à nos soldats et à nos colons, tout cela a bien changé. Les marais ont été desséchés, les terres sont assainies et en plein rapport, et la Mitidja, autrefois désert parsemé de rares oasis, est aujourd'hui un fertile jardin couvert de villages prospères et de florissantes cités. La Maison-Carrée, l'Alma, le Fondouck, Mouzaiaville, Coléa, la ville sainte des Arabes, Marengo, ne le cèdent en rien à la plupart de nos chefs-lieux de canton, et beaucoup de sous-préfectures n'ont ni l'importance ni l'agrément de Boufarik et de Blida.

Blida, la ville des oranges et des mandarines parfumées, que le marabout Mohammed ben Yussef appelait la jolie rose, coquettement assise sur les bords de l'Oued-el-Kebir, au pied du petit Atlas, qui lui envoie en abondance des eaux fraîches et limpides, est une cité déjà ancienne. Mais Boufarik est de construction récente. En 1830, c'était un marais inhabitable, aujourd'hui c'est un charmant séjour. On y compte plus de dix mille habitants.

Pour conquérir ce sol funeste, aux émanations mortelles, pour faire de ce terrain hérissé de cactus, d'aloès et de lentisques un verger délicieux, « il a fallu, dit Fromentin, dix années de guerre avec les Arabes, et vingt années de luttes avec un climat beaucoup plus meurtrier que la guerre ». Ce ne sont pas seulement des soldats, comme Blandan et ses compagnons, qui dorment de l'éternel sommeil dans ces plaines maintenant assainies ; ce sont aussi des colons, dont l'œuvre, moins glorieuse, n'a été cependant ni moins pénible ni moins utile. Trois générations de travailleurs se sont succédé en moins de trente ans dans ce lieu pestilentiel ; et en contemplant ces rues espacées, ces belles avenues, ces magnifiques platanes, ces majestueux édifices, on ne se douterait pas qu'en 1842 Boufarik renfermait tout au plus 300 Européens dont, en moins d'une année, 92 furent emportés par la fièvre.

Vue de Blida.

Pour lutter contre ce mal perfide, qui énerve, use et abat en peu de temps les constitutions les plus robustes, il a fallu autant de courage que pour affronter face à face la balle ou le yatagan de l'ennemi. Ces rudes pionniers n'ont pas rendu moins de services que nos bataillons ; et c'est avec peine et regret que nous avons entendu à la tribune française une voix s'élever pour flétrir de l'épithète de buveurs d'absinthe ces vaillants ouvriers de la civilisation.

C'est une injustice criante, et contre laquelle on a protesté avec indignation.

Arabe sur son chameau.

Les platanes de Boufarik sont célèbres à juste titre. Ils dominent toute la plaine, et montrent de quelle puissance de végétation est doué ce sol, qu'on pourrait appeler encore vierge. « L'élévation insolite de leurs troncs — je cède un moment la parole à mon vieil ami Charles Desprez — donne à leur ramure un caractère tout particulier. Elles semblent, non fixées autour, mais posées dessus comme un baldaquin. De là double avantage pour les habitants : dans les rues, sur les places, au fond des jardins, ils jouissent de l'ombre, de l'air, et partout aussi de la vue. La voûte des arceaux mobiles, aux pendentifs de feuillage, les garantit du soleil à distance, et leurs yeux néanmoins peuvent contempler, au travers des colonnades marbrées et polies comme l'albâtre, les jardins, les rues, les places voisines, dont les arbres non moins grands, mais abaissés par la perspective, se profilent en ondulations gracieuses sur les fonds azurés de la chaîne atlantique. Les maisons même les plus élevées profitent aussi du spectacle, et c'est à peine si quelques rameaux, si quelques feuilles réfractaires, osent voiler leurs mansardes. Je ne sais de comparable à cette champêtre retraite que certaines villes d'eaux de la Suisse ou des Pyrénées. »

Le marché indigène, qui se tient tous les lundis, n'est pas un des moindres attraits de Boufarik. Bien que, depuis l'établissement du chemin de fer d'Alger à Oran, qui traverse la plaine dans toute sa longueur et qui rend les communications plus nombreuses et plus faciles, il ait beaucoup perdu de son importance, il n'en est pas moins curieux à visiter.

Dès le matin, les trains sont bondés de voyageurs; et par toutes les routes, par tous les sentiers, affluent des Arabes qui viennent mettre en vente les produits de leurs terres ou de leur industrie. C'est un pittoresque défilé de chameaux, de chevaux, d'ânes, de mulets pesamment chargés; et, du Fondouck à l'Oued-Djer, toutes les tribus de la plaine, les Khrachna, les Beni-Moussa, les Beni-Khrelil, les Hadjoutes, s'y donnent rendez-vous.

Un vaillant soldat, qui est en même temps un écrivain de race, le colonel Trumelet, a parfaitement décrit ce spectacle.

« Dès le dimanche au soir, nous dit-il dans son *Histoire de Boufarik,* le mouvement de concentration commence. Voici des corricolos réformés, passés voitures à volonté, remplis à déborder de marchands d'origine hébraïque. Des chevaux apocalyptiques, des mulets étiques, des bourriquots tannés, tous chargés de tentes, de tapis, de nattes et du matériel de la profession de leur maître, lequel couronne le tout, sont poussés et maintenus à une allure fantastique par le mouvement mécanique de va-et-vient d'une paire de tibias secs comme une trique, qui leur menace les flancs avec l'imperturbable régularité du pendule. Acheteurs, flâneurs, curieux, se dirigent vers le lieu du rassemblement avec une rapidité proportionnelle à l'intérêt qui les y amène. Les voici tous : colon fermier en sarrau de toile bleue, coiffé d'un chapeau à larges bords; colon propriétaire, en cabriolet ou en break avec sa famille, tenue de gentilhomme campagnard; maquignons indigènes essayant, avec des savates éperonnées en ergot, de donner des allures fougueuses à des bêtes taillées en acridiens; piétons kabyles, chargés comme des bêtes de somme des produits de leurs rudes montagnes ; industriels blidéens, section des bouchers, des savetiers, des maréchaux ferrants, s'exerçant sur place ; enfin, tout le fretin du mercantilisme, depuis le marchand d'allumettes chimiques en détail jusqu'au négociant en épingles et en aiguilles. Tout cela se meut et se précipite vers l'autel de Mercure, pour sacrifier à cette divinité. »

Plus vaste que la plupart de nos arrondissements de France, par sa proximité d'Alger, par son heureuse situation, par son incomparable fertilité, la Mitidja est appelée à un riant avenir. Si un cours d'eau de quelque importance la traversait dans toute son étendue, elle pourrait rivaliser avec les contrées les plus fécondes et les mieux cultivées. D'après les calculs de M. Ville, « les torrents qui débouchent de l'Atlas dans la Mitidja versent moyennement à la plaine au moins quarante-deux mètres cubes d'eau par seconde. Malheureusement ces torrents baissent considérablement en été, et pour conserver, pendant cette saison, à la Mitidja les éléments d'irrigation qui décuplent sa fécondité, il faut recourir à des barrages-réservoirs. Quelques-uns de ces barrages sont commencés ou achevés, les plus importants ne sont encore qu'en projet. »

Malgré cette difficulté, la population européenne de la Mitidja est en progrès constant. Elle était de 10,000 en 1852, de 20,000 en 1866, elle est aujourd'hui de 30,000. La gradation est lente, mais sûre ; et le jour viendra où la Mitidja n'aura plus seulement une couronne de montagnes, mais une couronne de cités, et où cent mille colons, des pentes douces du Sahel aux contreforts abrupts de l'Atlas, trouveront sur sa terre bénie l'aisance et le bonheur.

XXVI

BLIDA. — LA FORÊT DE CÈDRES. — LE MARABOUT DES BENI-SALAH

En quittant Boufarik, la ligne ferrée se rapproche peu à peu de l'Atlas, dont les pentes raides et dénudées barrent la plaine comme un rempart immense bâti par des géants. On ne tarde pas à arriver à Béni-Méred, ancien poste militaire, aujourd'hui joli village de cinq cents habitants. Une large avenue conduit de la gare au centre du bourg, et sur la grande place se dresse un obélisque qui rappelle un des plus beaux faits d'armes de nos soldats.

Bien que cet épisode des guerres d'Afrique soit des plus connus, nous croyons devoir reproduire le récit ému que lui a consacré M. de Castellane. On ne saurait rappeler trop souvent de pareils actes de dévouement et d'héroïsme. Les leçons du passé sont pour l'avenir un encouragement et une espérance. Quand une nation compte dans ses annales militaires des pages comme celle que nous allons rapporter, quelques revers qu'elle ait subis, elle est sûre de se relever, et de reconquérir à bref délai la place que lui ont momentanément fait perdre des défaites imméritées.

« Le 11 avril 1841, la correspondance d'Alger partit de Boufarik sous l'escorte d'un brigadier et de quatre chasseurs d'Afrique; le sergent Blandan, seize hommes d'infanterie du 26ᵉ régiment de ligne, rejoignant leur corps, et un sous-aide-major faisaient route avec eux. Ils cheminaient tranquillement sans avoir aperçu un Arabe, quand tout à coup, du ravin qui précède Béni-Méred, trois cents cavaliers s'élancèrent sur la petite troupe. Le chef courut au sergent et lui cria de se rendre. Un coup de fusil fut sa réponse; et, se formant en carré, nos soldats firent tête à l'ennemi. Les

Cavaliers arabes.

balles les couchaient à terre un à un, les survivants se serraient sans perdre courage. « Défendez-vous jusqu'à la mort, s'écria le sergent, en recevant un coup de feu ; face à l'ennemi ! » Et il tomba aux pieds de ses compagnons. De vingt-trois hommes, il en restait cinq, couvrant de leurs corps le dépôt qui leur était confié, quand un bruit de chevaux lancés au grand galop réveilla leur ardeur. Bientôt, d'une nuée de poussière sortirent des cavaliers qui, se précipitant sur les Arabes, les mirent en fuite : c'était Joseph de Breteuil et ses chasseurs. A Boufarik, il faisait conduire les chevaux à l'abreuvoir, lorsqu'on entendit la fusillade. Aussitôt, ne laissant à ses hommes que le temps de prendre leurs sabres, M. de Breteuil partit à fond de train, suivi des chasseurs montés au hasard. Le premier il se jeta dans la bagarre, et, grâce à sa rapide énergie, il put sauver ces martyrs de l'honneur militaire. Aussi le sauveur fut-il compris dans la récompense glorieuse : la même ordonnance nomma membres de la Légion d'honneur M. de Breteuil et les cinq compagnons de Blandan. »

Saluons la colonne élevée à la mémoire de ces modestes héros, dont le 26ᵉ de ligne garde fièrement le souvenir. Une souscription ouverte par le colonel Trumelet a permis d'ériger en l'honneur de ces vaillants soldats un monument plus digne et plus capable de rappeler leurs exploits à la postérité, et Blandan a aujourd'hui sa statue à Boufarik.

Nous voici maintenant au pays des fruits d'or, au jardin des Hespérides de l'Algérie, à Blida.

Avant d'y parvenir, nous traversons l'enceinte d'une cité. Cette enceinte, à peu près démantelée, rappelle un funeste événement, le tremblement de terre de 1825, qui détruisit la ville et ensevelit sous les décombres de ses édifices plus de sept mille habitants. Pour prévenir le retour d'un aussi terrible désastre, les Blidéens voulurent transporter leur ville à deux kilomètres plus loin, au nord-ouest ; mais ils ne donnèrent pas suite à ce projet, et Blida, reconstruite sur ses ruines, s'élève aujourd'hui plus coquette et plus florissante que jamais, abondamment arrosée par les eaux fraîches de la montagne, et resplendissante de blancheur au milieu des forêts d'orangers et de citronniers qui l'entourent et lui envoient leurs parfums.

Un mur en pierre, percé de six portes, protège Blida contre un coup de main. En considérant cette muraille, de très faible épaisseur et qui n'a pas en certains endroits une hauteur de deux mètres, nous ne pouvons nous empêcher de comparer ce système de défense aux fortifications de nos places de guerre. Les remparts de Blida et de la plupart des villes d'Algérie ne pourraient résister à quelques coups de canon; heureusement, les Arabes n'ont pas d'artillerie.

Quelques historiens ont voulu faire remonter l'origine de Blida jusqu'à la domination romaine; on ne sait pas à quelle époque elle fut fondée; nous pouvons seulement affirmer qu'elle a toujours été regardée par les Arabes comme un séjour enchanteur : « On vous appelle une petite ville, disait le marabout Mohammed ben Yussef, et moi je vous appelle une petite rose. »

Il est certain que la situation de cette cité, couchée « belle d'indolence » sur la pente douce de la montagne, dans un nid de fraîche et odorante verdure, au milieu des eaux murmurantes, devait frapper l'imagination des Arabes, amis du plaisir facile, du repos et de la rêverie. Blida est la reine de la Mitidja, qu'elle domine et qu'elle contemple. En face, sur le revers méridional du Sahel, Coléa la Sainte montre avec orgueil la koubba vénérée de Sidi-Embarek, tandis qu'à l'ouest, dans le lointain, le Tombeau de la Chrétienne, qu'on appellerait à plus juste titre le Tombeau de Juba, dresse, au sommet d'une colline, son cône gigantesque, que vingt siècles ont respecté.

Blida est une ville neuve; elle a peu de monuments, car sa mosquée n'offre rien de remarquable, et l'église Saint-Charles, de construction récente, ne m'a frappé que par des peintures de mauvais goût et un état de délabrement qui produit une pénible impression. Ce n'est pas une ville arabe, car on ne trouve quelques demeures mauresques que dans la partie haute; c'est une ville coquette, aux rues bien alignées, aux maisons basses et bien bâties, aux eaux limpides, aux vastes horizons. Le jardin Bizot ne manque pas de charmes, mais c'est vers le bois sacré que le touriste doit diriger ses pas.

Là, au milieu d'une végétation luxuriante, dont notre flore européenne ne saurait donner une idée, à l'ombre d'oliviers séculaires aux troncs noueux et puissants, aux rejetons multiples, s'élèvent deux élégantes koubbas dont l'une, celle de Sidi-Yacoub, est un lieu de pèlerinage renommé. C'est par une belle après-midi de printemps que j'ai visité pour la première fois ces magnifiques bosquets. Frappé d'étonnement, j'admirais ces arbres gigantesques, dont les ramures entrelacées forment en certains endroits

Koubba de Sidi-Yacoub.

une véritable voûte de verdure. Un religieux silence régnait dans le bois sacré ; je me sentais ému, et je comprenais à quel sentiment obéissaient les anciens en plaçant dans les forêts mystérieuses leurs sanctuaires les plus vénérés. Ce calme que ne trouble aucun bruit, ce demi-jour que pénètrent de loin en loin, comme des flèches lumineuses, quelques rayons de soleil, inspirent une terreur secrète, et portent l'âme à la méditation et à la prière.

Je n'étais pas seul cependant. Accroupi à l'entrée de la koubba de Sidi-Yakoub, un Arabe suivait d'un œil inquiet mes moindres mouvements. Tout à coup il se leva, et, prenant un gros chapelet, il se mit à tourner autour du marabout, comme un fauve dans sa cage, en invoquant à haute

Une rue de Blida.

voix la protection du saint. C'était sans doute un *khouan,* un de ces fanatiques affiliés à ces sectes religieuses qui se transmettent d'un bout à l'autre de l'Algérie, avec la rapidité de l'éclair, le mot d'ordre de leurs chefs, et qui sont les plus redoutables ennemis de notre domination. Quand il m'apercevait, son œil brillait d'un feu sombre, comme si la présence d'un Roumi dans ce lieu consacré lui semblait un sacrilège ; et si je n'eusse connu le pays, je n'aurais été qu'à demi rassuré.

Blida n'est pas seulement une ville coquette, c'est une ville industrielle, et les produits de ses minoteries jouissent d'une réputation méritée.

Il ne faut pas aller à Blida sans faire l'ascension de la montagne des Beni-Salah et sans visiter la forêt de cèdres. Elle n'est pas sans doute aussi étendue que celle de Teniet-el-Haad ; on y trouve cependant de magnifiques arbres et de merveilleux points de vue.

« La forêt de Sidi-el-Kebir — dit M. Beaumont, inspecteur des forêts — appartient à la commune de Blida ; elle est située au sud de cette ville, dans le douar de Sidi-el-Kebir, et repose sur la crête et les deux versants du petit Atlas, à une altitude qui varie entre neuf cent soixante et seize cent vingt-sept mètres. Sa contenance est de treize cent trente-huit hectares, trente-quatre ares, quatre-vingt-quatre centiares. Deux chemins principaux conduisent de Blida à cette forêt : on les désigne sous les noms de chemin Laval et chemin Valentin, du nom de deux Européens. Le premier aboutit à la limite est de la forêt, et se continue jusqu'à Kerraïche (village indigène situé sur la rive gauche de l'Oued-Mokta), après avoir traversé la forêt du sud au nord. Le second est situé sur la limite ouest et va aboutir au village indigène d'Amchacha, situé près de l'Oued-Merdja, affluent de la Chiffa. Tous deux sont des chemins muletiers très praticables, que la commune de Blida fait entretenir au moyen de prestations. Ils sont reliés entre eux par un sentier qui court le long de l'arête la plus élevée de l'Atlas, et qui est généralement impraticable en hiver, à cause de l'épais tapis de neige qui le recouvre.

« On arrive à la propriété Laval après trois heures de montée, laissant à gauche les versants des Beni-Azza occupés par quelques jardins indigènes, complantés de noyers, de micocouliers et de figuiers, auxquels se marient quelques ceps de vigne gigantesques ; à droite, une région inculte, peuplée de diss et de fougères.

« Là, le regard est réjoui par quelques maisons françaises, par une fontaine versant à pleins bords une eau vive, claire et glacée, par deux immenses bassins où croissent à plaisir de magnifiques carpes, par une glacière à charpente originale et bien conçue, par une plantation de châtaigniers et de cerisiers admirablement réussie, enfin par un jardin potager disposé en gradins, offrant des légumes de toute espèce, d'un goût exquis, le tout entouré d'un taillis de chênes verts, régulièrement aménagé.

« On est déjà parvenu à une altitude de onze cent quatre-vingt-douze mètres.

« Au sortir de l'établissement Laval, le chemin continue montueux et escarpé ; on laisse à gauche le chemin des Beni-Misera, puis le Djebel Fortass et la grande Glacière, et on arrive, après une demi-heure de marche, à la limite est de la forêt, à la pleine région des cèdres.

Mosquée de Sidi-Abd-el-Kader.

« La forêt de Sidi-el-Kebir renferme deux peuplements bien distincts : le peuplement des cèdres, qui couvre les parties les plus élevées de la forêt, associé à quelques ifs et quelques houx, et celui des chênes verts, qui occupe les parties inférieures des deux versants sud et nord de la montagne, associé également à des houx, à des chênes zéens, des érables de Montpellier, des alisiers blancs et des micocouliers.

« La taille maximum des cèdres est de vingt-cinq à vingt-huit mètres. Quant au diamètre, il peut atteindre deux mètres et plus : le cèdre du marabout Baba-Mohamed a plus de neuf mètres de circonférence, il est le plus bel échantillon peut-être de toute la contrée : on le trouve à neuf cent soixante-sept mètres d'altitude. »

On en rencontre encore de très beaux autour du marabout de Sidi-Abd-el-Kader-ben-Djilali, qui est situé à une hauteur de seize cent vingt-sept mètres, sur le point culminant de la montagne.

L'aspect de ces forêts est des plus imposants ; et il est aisé de comprendre, à cette vue, l'enthousiasme des Livres saints, qui vantent sans cesse la grandeur et la beauté des cèdres du Liban. Le cèdre a d'abord une forme pyramidale, mais quand il atteint une certaine hauteur, il ne tarde pas à se découronner. Alors, au lieu de monter verticalement, les branches s'étalent dans le sens horizontal et forment des plans de verdure superposés. C'est de la koubba de Sidi-Abd-el-Kader-ben-Djilali qu'il faut contempler ces surfaces, qui ressemblent, comme l'a dit Ch. Martin, à des pelouses du vert le plus sombre ou d'une couleur glauque comme celle de l'eau, semées de cônes dressés, ovoïdes et violacés.

Là se déroule sous les yeux du touriste un des plus admirables panoramas du monde. Fromentin l'a décrit avec l'enthousiasme de l'artiste. Nous lui empruntons ces pages charmantes, où l'émotion est si bien rendue, et le paysage si fidèlement reproduit.

« Nous nous assîmes au pied de ces vieux arbres. Il faisait chaud et très calme, circonstance que je n'oublierai jamais, car je lui dois la plus forte impression de grandeur et de paix complète qu'on puisse éprouver dans sa vie. Le silence était si sévère, l'immobilité de l'air était telle, que nous remarquâmes le bruit de nos paroles et qu'involontairement nous nous mîmes à parler plus bas.

« Mesuré de l'endroit dont je parle, au pied du marabout, l'horizon décrit un cercle parfait, excepté sur un seul point, où le cône noirâtre de la Mouzaia fait saillie. Au nord, nous embrassions la plaine avec ses villages à peine indiqués, ses routes tracées par des rayures pâles, puis tout le Sahel, courant, comme un sombre bourrelet, depuis Alger, dont la place exacte était déterminée par des maisons blanches, jusqu'au Chenoua, dont le pied s'avançait distinctement comme un promontoire entre deux golfes ; au delà, entre la côte d'Afrique et le ciel infini, la mer s'étendait à perte de vue comme un désert bleu. Dans l'est, on apercevait le Djurjura, toujours blanchâtre ; à l'opposé montait la pyramide obscure de l'Ouaransenis ; quatre-vingts lieues d'air libre, sans nuages et sans tache aucune, séparaient les deux bornes milliaires posées aux deux extrémités des pays kabyles.

« A mes pieds se développaient quinze lieues de montagnes échelonnées dans un relief impossible à saisir, enchevêtrées l'une à l'autre, et noyées, confondues dans un réseau d'azurs indéfinissables. Nous aurions pu voir Médéa, si la ville n'était masquée par le Nador et perdue dans le pli d'un ravin qui, lui-même, est le versant d'un plateau très élevé, puisqu'il y neige. Droit au sud, et bien au delà de ce vague échelonnement de formes rondes, de plissures, de vallées, de sommets, on découvrait des lignes plus souples, à peine sinueuses, tendues comme des fils bleuâtres entre de hautes saillies, dont la dernière, à droite, porte la citadelle de Boghar. Plus loin encore commençait la ligne aplatie des plaines.

« Enfin, à l'extrême limite de cette interminable étendue, dans une sorte de mirage indécis, où la terre n'avait plus ni solidité ni couleur, où l'œil ébloui aurait pu prendre des montagnes pour des filets de vapeurs grises, je voyais les sept têtes des Seba-Rous, et par conséquent le défilé de Guelt-Esthel et l'entrée du pays des Ouled-Naïl. La moitié de l'Afrique française était étendue devant nous : les Kabyles de l'Est, ceux de l'Ouest, le massif d'Alger, les steppes, et, directement à l'opposé de la mer, le Sahara. »

On a de la peine à s'arracher à ce spectacle, et quand le voyageur descend de ces sommets où l'air est si pur, la lumière si vive, la nature si grandiose, il emporte, avec un profond sentiment d'admiration, un amour plus vif de ce pays dont il a mesuré l'étendue, contemplé les beautés et apprécié les ressources.

XXVII

LA CHIFFA. — MÉDÉA. — LE NADOR

Pour aller de la Mitidja vers les Hauts Plateaux et les régions sahariennes, il faut traverser le petit Atlas. La route d'Alger à Laghouat suit, au sortir de la plaine, un défilé des plus curieux et des plus pittoresques, qu'on a appelé avec raison une des merveilles de l'Algérie.

On quitte le chemin de fer à la station de la Chiffa, située près de l'oued de ce nom, presque à l'entrée des gorges célèbres que nous allons essayer de décrire. On a construit dans la colonie un certain nombre de voies ferrées ; on peut, dès à présent, aller en wagon d'Oran à Tunis, et parcourir toute la côte ; mais les lignes de pénétration dans le Sud n'existent encore qu'à l'état de projet. Il faut donc monter en diligence si on veut visiter l'intérieur du pays.

Pour ma part, je ne m'en plaindrai pas trop. Le chemin de fer est bon pour les gens pressés, qui ont hâte d'arriver. Au point de vue pratique et commercial, nous sommes heureux de n'en être plus réduits au coche de nos pères ; mais quand on voyage pour se récréer et s'instruire, et non pour brasser des affaires, il vaut mieux ne pas être emporté par un train lancé à toute vapeur.

On se rend compte de ses impressions, on a le temps de contempler et d'étudier le paysage, et on n'a pas les yeux fatigués et éblouis par une succession vertigineuse de points de vue impossibles à saisir.

La voiture nous attend dans la cour de la gare. Ce n'est pas une patache, un vulgaire corricolo ; c'est une belle et bonne diligence, traînée par de solides chevaux. On peut s'y asseoir à l'aise ; c'est propre et confortable.

La compagnie Boniffay, concessionnaire de la plupart des services de messageries, fait bien les choses, et je ne suis pas fâché de revoir dans ce pays neuf les attelages du vieux temps.

Ma place était retenue depuis la veille. Je tends ma valise au conducteur, et je m'empare de mon coin. Deux voyageurs montent après moi. Ce sont des officiers en garnison à Médéa, un capitaine de zouaves et un adjoint du génie. Ils arrivent de France, ils viennent de Paris, et le cercle militaire ne leur fera pas oublier de sitôt les boulevards de la capitale et le café du Helder.

Pendant qu'ils racontent les incidents de leur voyage et qu'ils rappellent, non sans regrets, les souvenirs de la patrie, nous courons à toute bride vers l'immense échancrure qui se dessine à l'horizon, nous quittons la Mitidja, nous pénétrons dans les gorges.

Quoique habitués à leur aspect, mes compagnons se taisent et admirent. Pour moi, je comprends leur silence et je partage leur émotion. Le spectacle est aussi imposant que pittoresque.

La route, péniblement conquise, tantôt sur le torrent qu'elle resserre, tantôt sur le roc qu'elle entaille profondément, est une œuvre d'art et de patience qui fait honneur à nos soldats et à nos ingénieurs militaires, et que nous pouvons comparer sans crainte aux plus gigantesques travaux exécutés par les légions romaines. L'homme a lutté avec la nature; il a presque fait aussi grand qu'elle.

Et cependant, quel merveilleux passage que cette coupure à pic de près de cinq lieues de longueur! Les anciens attribuaient à Hercule l'ouverture du détroit de Gibraltar ; d'après les légendes arabes, c'est Si Mohammed el Chakour, le bûcheron géant, le protecteur des Mouzaia, qui, d'un coup de sa cognée, a partagé l'Atlas, comme notre Roland, avec sa Durandal, a ébréché les Pyrénées.

La hache du musulman était d'aussi bonne trempe que le glaive du paladin. Ainsi se reproduisent, à l'origine de tous les peuples, pour célébrer les héros et pour expliquer les bouleversements de la nature, les mêmes traditions.

La route suit toujours le cours tortueux de la Chiffa. On marche au fond d'un précipice, bordé de tous côtés par de hauts escarpements, garnis le plus souvent de lentisques, de chênes verts et de thuyas. De nombreux ruisseaux descendent de la montagne, coulent invisibles sous les arbres, ou forment, suivant les accidents du terrain, de multiples cascades, avant de se précipiter, en nappes écumantes, sur les massifs de lauriers-roses qui remplissent le lit du torrent. Les points de vue se succèdent et changent comme les décors d'un théâtre. Nous passons, tantôt sous un épais arceau de verdure, tantôt sous une voûte naturelle dont la base a été élargie par la mine et qui nous surplombe parfois de cent mètres, tantôt sur de hardis ponceaux jetés d'un bloc à l'autre. A la forêt verdoyante succède tout à

Gorges de la Chiffa.

coup une pente aride, un rocher dénudé, dont les fentes sont remplies de mousses et de lichens. Ici s'ouvre un abîme dans lequel il semble qu'on va tomber; là se dresse, comme une barrière infranchissable, une montagne qui ferme l'horizon. On se croirait dans un entonnoir; mais, capricieuse comme l'oued qu'elle côtoie, la route se détourne brusquement, et de nouveaux sites, pleins d'imprévu et de grandeur, attirent les yeux et étonnent l'esprit.

De loin en loin, une maison française, modeste hôtellerie ou cabaret, offre aux voyageurs altérés l'absinthe traditionnelle ou le vermouth au quinquina.

Nous trouvons successivement l'auberge de Sidi-Madani, celle du Ruisseau des Singes, le Camp des Chênes, la Concession.

Le ruisseau des Singes arrose un ravin pittoresque, aux ombrages épais. Il est ainsi nommé parce qu'on aperçoit de temps en temps dans les bois qui l'avoisinent quelques-uns de ces quadrumanes. Cette bonne fortune est plus rare qu'on ne pense ; et bien des curieux, moi tout le premier, ont fait inutilement à plusieurs reprises cette intéressante excursion. Je n'ai vu en fait de singes, auprès du ruisseau qui leur doit son nom, que ceux qu'a dessinés Girardin.

Ch. Desprez, dans son *Voyage à Oran,* a décrit avec sa verve habituelle le poème héroï-comique improvisé sur des murailles d'hôtel par le crayon d'un artiste amateur.

« Les singes de Girardin — dit notre excellent ami — occupent deux murs entiers, l'un dans la salle à manger, l'autre dans la cour, à côté de la cuisine.

« Ce dernier représente un *steeple-chase.* Des chiens, des cochons, des dindons, y remplacent les chevaux. Les rôles de *gentlemen-riders* sont remplis par des quadrumanes. L'embrasure d'une porte et la baie d'une fenêtre font office de rivière et de banquette irlandaise. Montures et cavaliers sont lancés à fond de train et luttent entre eux de vitesse. Tandis que les uns, servis par leur habileté ou favorisés par la chance, semblent se jouer des obstacles, les autres, moins heureux, trébuchent et mordent la poussière. De là maint incident, maint comique épisode.

« Un coursier boule-dogue s'est laissé choir au fond du précipice figuré par le trumeau de la fenêtre. Jockey-sapajou, son maître, cherche à le dégager par le cou, tandis que deux grooms-ouistitis aident au sauvetage en le tirant lui-même par la queue. Gentleman-sagouin, monté à rebours sur un lévrier, fait la nique au camarade gibbon, dont l'épagneul s'est laissé distancer. Un magot, le front couronné du bandeau royal, chevauche gravement sur un dindon épanoui. De jeunes macaques, mandrills, cynocéphales, parodient la course, sur une truie dont ils se disputent l'échine. Le propriétaire de l'hôtel, juché sur une autruche, chapeau Louis XIII sur la tête et carnier plein au côté, semble présider aux jeux de ce burlesque handicap.

« Tous les sujets, d'un faire aussi large que correct, sont de grandeur naturelle. On n'y sent ni l'hésitation ni la hâte, quoiqu'ils aient été, m'a-t-on dit, exécutés en moins d'un jour. Le rire qu'ils excitent est franc, de bon aloi, la charge étant fondée, non sur l'incorrection des lignes ou l'exagération des images, mais sur un heureux choix de poses et de gestes, qui, bien que comiques, n'offensent ni le goût ni la vérité.

« On ne saurait trop regretter l'abandon de ces fresques abracadabrantes aux injures du climat et de la cuisine. Il pleut dessus, non seulement des ondées, mais aussi des eaux grasses, des sauces, des ordures. Déjà des mains, des queues, des têtes même ont disparu, lavées ou maculées.

« Le tableau de la salle à manger durera plus longtemps. Il fait face à la porte d'entrée et couvre, outre la muraille, une partie du plafond, qui se cintre au-dessus de la table. Les singes, les uns costumés et les autres à poil, sont perchés, en vingt attitudes diverses, sur la plinthe du lambris dont la pièce est ornée à hauteur de la main. Un groupe principal en illustre le centre. Il représente un vieux général du premier empire remettant, en présence de quelques grognards empanachés, la croix d'honneur à un conscrit. Il faut voir l'air majestueux du supérieur en lunettes, l'humble attitude du pioupiou, et leurs queues pendant au dehors, à la grande satisfaction de l'ouistiti qui s'y balance.

« A leur gauche, une guenon coiffée d'une toque à plumes allaite un marmot braillard. Viennent après des citoyens qui nous tournent le dos et se grattent consciencieusement les fesses. Un postillon de Longjumeau fumant dans une grosse pipe, un mélomane jouant du cor avec un arrosoir, et quelques menus quadrumanes terminent de ce côté la scène. Des gaillards très découplés se trémoussent sur la droite. Ce ne sont, par ici, que jeux, sauts, danses, voltige. Deux gamins traînent sur le dos, en le tirant par la queue, un de leurs camarades. Poussé par des voisins plaisants, un rêveur s'est laissé choir dans la plinthe et se raccroche aux parois du lambris, tandis que, par-dessus sa tête, un Léotard s'élance en faisant le saut périlleux.

« Toutes ces figures, simplement dessinées au crayon noir, avec, par-ci, par-là, quelques ombres, quelques grattages, produisent néanmoins un effet admirable. Elles ont aussi le rare mérite de la variété. Il n'y en a pas deux qui se ressemblent, et l'on conçoit que l'artiste, pour posséder si bien ses modèles, a dû les étudier très longtemps, avec beaucoup de soin et sous toutes leurs faces. »

L'éloge est peut-être exagéré, et l'auteur du *Voyage à Oran* et de tant d'autres fantaisies charmantes pourrait bien avoir vu dans l'œuvre de Girardin des choses que l'officier dessinateur n'a jamais songé à y mettre ; mais ces fresques n'en sont pas moins à visiter. Malheureusement elles se dégradent tous les jours, et si l'on n'y prend garde, il n'en restera bientôt que le souvenir et l'humoristique description que nous venons de relater.

On a vainement essayé de créer au Ruisseau des Singes un jardin d'acclimatation pour le thé et le quinquina.

C'est à partir de ce ravin que les gorges sont vraiment belles. On y voit la grotte à stalactites, des chutes d'eau de trois cent pieds, et le rocher pourri qu'il a fallu démolir en partie à coups de canon pour prévenir des éboulements.

Après avoir franchi l'Oued-Merdja, nous trouvons une section de condamnés militaires travaillant sous la direction d'un sous-officier et la garde d'un peloton de turcos. Quelques-uns de ces malheureux sont encore jeunes, ont l'air intelligent et pourront se relever ; mais la plupart, hébétés par la débauche et la boisson, ont une physionomie bestiale et véritablement repoussante. Le capitaine de zouaves nous raconte alors quelques histoires de zéphyrs. On appelle *zéphyrs* ou *joyeux* les soldats qui, après avoir encouru une condamnation, terminent leur service militaire dans les bataillons d'Afrique. Il y a de tout dans ces bataillons : quelques coupables repentants, mais le plus souvent des pécheurs endurcis, gens de sac et de corde, que peut seule contenir une discipline de fer.

Nous voici au pied du Djebel-Nador ; nous commençons à le gravir. L'ascension est longue et difficile, elle semble interminable. A droite, on nous montre une ferme qui vient d'être le théâtre d'un crime affreux, commis avec les raffinements de cruauté que savent inventer les Arabes. Une veuve et sa fille, qui exploitaient ce domaine, ont été assassinées par deux coupeurs de routes ; mais avant de recevoir le coup mortel, la mère, attachée au pied d'un lit, a vu son enfant, dont le mariage était prochain, subir les derniers outrages de la part de ses bourreaux. Une expiation suprême était nécessaire ; les assassins ont été exécutés sur la place publique de Médéa.

Un peu plus loin, nous rencontrons un bataillon de zouaves allant à la promenade militaire. A la tête de l'avant-garde marche avec entrain un sergent. Il porte trois chevrons sur la manche de sa veste. C'est un vétéran de Crimée et d'Italie, c'est un des glorieux vaincus de 1870 ; ce sera peut-être un des vainqueurs de l'avenir. Notre compagnon de route, le capitaine, qui le connaît, nous le montre avec orgueil. « Nous n'en avons plus, s'écrie-t-il, de ces vieux et solides serviteurs qui savent si bien entraîner les jeunes. » Je me rappelle alors les beaux vers de Paul Déroulède :

        Ah ! c'était un fameux sergent que maître Jacque !

Tandis que je récite mentalement cette patriotique poésie, si bien appropriée à la circonstance, l'officier de zouaves et l'adjoint du génie discutent les lois sur l'armée et cherchent les moyens les plus efficaces pour retenir au corps les sous-officiers.

Pendant ce temps, nous arrivons au haut. Un changement subit s'est opéré. L'air est vif, presque froid ; la végétation n'est pas la même. Plus de cactus, plus d'aloès, plus d'oliviers ; mais la ronce, le sureau et la vigne. Nous sommes à mille mètres d'altitude, et c'est vraiment le climat de France.

Nous apercevons bientôt Médéa derrière un rideau de peupliers, avec son aqueduc monumental, ses casernes, ses minarets, ses toits où viennent nicher les cigognes. Nous longeons le marché aux bestiaux, nous franchissons l'enceinte crénelée, et au bout de quelques minutes la voiture s'arrête. Nous sommes arrivés.

Je n'ai pas à me préoccuper d'un logis. Un ami d'enfance m'attend et me servira d'hôte et de cicerone. Depuis longtemps je lui promettais une visite. En tenant ma promesse, je sais que je réalise un de ses souhaits les plus chers. Je trouverai sous son toit paisible la plus franche cordialité, et je puis lui appliquer le vers du bon La Fontaine,

        Un ami véritable est une douce chose.

Un *yaouled* s'empare de mon mince bagage, et nous le suivons, André et moi, à travers les rues étroites, au milieu des spahis, des Juifs au noir turban, et des femmes arabes, dont je contemple avec étonnement les jupons rouges et le visage découvert.

Les tribus de Médéa et des environs appartiennent à la race kabyle.

Leurs femmes ne se voilent pas la figure, comme les Mauresques. Elles vont et viennent librement, et c'est tout au plus si, à la rencontre d'un étranger, elles ramènent sur leurs traits un pan de leur haïk de cotonnade à raies noires et bleues.

« J'ai beau mettre du sucre dans mon encre, — a dit un écrivain, — ma plume n'y peut rien puiser de doux pour Médéa. » Il ne faut pas accepter cette boutade comme parole d'Évangile. Sans doute, pour des yeux habitués aux splendeurs d'Alger, Médéa est triste et pauvre en édifices ; mais elle est dans une situation admirable. Ce n'est pas une ville de plaisirs, c'est une place d'armes, une sentinelle avancée, la porte du Sud, comme disent les Arabes. Elle se compose de deux parties bien distinctes : le quartier militaire, vaste citadelle, avec les casernes, l'hôpital, l'arsenal ; et la ville proprement dite, presque entièrement construite à la française et n'offrant rien de curieux à visiter. Seul, l'aqueduc mérite une mention spéciale.

En revanche, les environs sont charmants. Lodi, Damiette, Mouzaia, sont des buts d'excursion qu'il ne faut pas négliger ; et du piton du Dakla, qui couronne le Nador, on jouit d'un panorama qui s'étend à plus de cinquante lieues. Au nord, le Sahel et la mer ; au sud, la vallée du Chélif, les steppes, les montagnes des Ouled-Naïl ; à l'ouest, l'Ouaransenis, que les indigènes appellent l'œil du monde.

De plus, Médéa possède des avantages qui ne sont pas à dédaigner. L'eau y est excellente, à tel point que Fromentin, revenant du pays de la soif, l'estomac fatigué par les sources saumâtres et magnésiennes des oasis, ne pouvait s'en désaltérer ; et le vin y est encore meilleur. Rouge ou blanc, il compte à juste titre parmi les plus estimés de l'Algérie ; aussi la culture de la vigne a-t-elle déjà pris un grand développement dans l'ancien royaume de Titteri. En outre, n'est-ce rien pour un Français que de voir sur le sol africain, presque en vue du désert, les plantes et les fleurs de la mère patrie, les coteaux couverts de ceps, de cerisiers et de pruniers, et dans les sentiers étroits, à l'ombre des ormeaux ou des saules, l'aubépine et l'églantier entrelaçant leurs branches et mêlant leurs parfums ?

Je ne sais si c'est l'effet de cette ressemblance avec la terre natale ou de l'accueil si cordial que j'ai reçu, mais je ne garde de Médéa et des courtes heures que j'y ai passées qu'une image riante et qu'un doux souvenir.

En vain la sœur de mon hôte, sans cesse attentive et prévenante, cherche à me retenir, en vain je voudrais moi-même prolonger mon séjour : le devoir m'appelle, il faut rentrer à Alger. Je me remets en voyage, et j'ai cette fois, non des compagnons, mais une compagne de route. C'est une dame instruite et distinguée, dont le fils dirige une bergerie modèle dans les environs de Boghar. Elle connaît à fond l'Algérie ; elle l'a parcourue dans tous les sens, et elle en apprécie les beautés avec un goût sûr et délicat.

Quand nous traversons les gorges de la Chiffa, elle les compare au passage des Issers, et surtout au Chabet-el-Akhra, qu'elle a admiré, il y a quelques semaines, en allant de Bougie à Sétif, et dont elle me dépeint avec enthousiasme les splendides horreurs. Elle s'étonne cependant et ne peut contenir un cri de joyeuse surprise lorsque, au sortir de l'étroit défilé, nous entrons dans la Mitidja. C'est une mer de verdure, aux molles ondulations, éclairée et dorée de l'Atlas au Sahel par les rayons du soleil couchant.

Nous voici à la station. Autant l'ascension du Nador, en montant à Médéa, a été longue et fatigante, autant la descente a été rapide et agréable. Le train d'Oran à Alger arrive, et la locomotive nous emporte aussitôt vers la ville des deys, avec le regret de n'avoir pu pénétrer plus avant dans le Sud, et le secret espoir de reprendre un jour, et moins à la hâte, ce pèlerinage vers le désert.

XXVIII

HAMMAM-R'IRHA

Si l'Algérie, qui produit avec les plantes des pays chauds presque tous les fruits des régions tempérées, est favorisée au point de vue du règne végétal, elle ne l'est pas moins pour le règne minéral. Elle possède en effet près de deux cents gîtes métallifères, dont quelques-uns sont considérés comme les plus riches du monde. A Beni-Saf, à Camarata, et surtout à Mokta-el-Haddid, près de Bône, des légions d'ouvriers sont occupés à extraire le précieux minerai.

« La mine de Mokta-el-Haddid — disait un publiciste algérien bien connu, M. Allan, dans une conférence au palais du Trocadéro, pendant l'Exposition universelle de 1878 — est aussi célèbre par sa richesse que par l'habileté de son exploitation. Elle est le type qu'on prend pour modèle dans toutes les écoles des mines. Comme production, c'est une montagne de terre dans laquelle on enfonce la pioche, et quand on traite ce produit brut, on en obtient à la fonte soixante-cinq et jusqu'à quatre-vingt pour cent de fer magnétique de qualité supérieure. »

Ce pays, dont le sol, de nature volcanique, est bouleversé trop fréquemment par les tremblements de terre, contient aussi de nombreuses sources thermales ou minérales, cent cinquante environ.

Le département qui en possède le plus est celui de Constantine.

Les eaux thermales et minérales de l'Algérie peuvent soutenir la comparaison avec les meilleures de l'Europe. Les plus renommées sont : dans la province d'Alger, Hammam-R'irha, Hammam-Melouan ; dans la province d'Oran, le Bain de la Reine, la source d'Arcole, Hammam-bou-Hadjar ; dans la province de Constantine, Hammam-el-Biban, Hammam-bou-Sellam, et surtout Hammam-Meskroutin, dont les sources ont un débit de cent mille litres à la minute et une température de quatre-vingt-quinze degrés.

Il y a là des éléments de richesse qui contribueront puissamment à la prospérité du pays, quand des voies faciles de communication seront établies dans toute la colonie, quand le réseau des chemins de fer sera complet.

Déjà les métaux d'Algérie sont exportés jusqu'en Amérique, et de nombreux malades vont demander à ses eaux bienfaisantes la force et la santé.

J'avais entendu vanter si souvent les vertus thérapeutiques d'Hammam-R'irha, la beauté sauvage de ses sites, que je m'étais bien promis de ne pas laisser échapper l'occasion de les visiter.

Elle ne tarda pas à s'offrir.

Le modeste et infatigable savant qui a répandu à Alger le goût de la botanique, M. Durando, « puisqu'il faut l'appeler par son nom », fit annoncer qu'il dirigerait, le lundi de Pâques, une excursion à Hammam-R'irha.

Halte de chameliers.

Courir sous les arcades de la Régence et verser entre les mains du marchand de journaux, trésorier ordinaire de M. Durando, la somme nécessaire aux frais du voyage, fut pour moi l'affaire d'un instant. Au jour fixé, j'étais exact au rendez-vous. Nous étions cinquante-sept touristes, de tout sexe, de tout âge et de tous goûts : botanistes émérites portant en sautoir la boîte de fer-blanc, entomologistes armés d'un filet, ou simples amateurs, heureux d'aller errer dans les bois et respirer l'air pur des montagnes en bonne et nombreuse compagnie.

Nous partons à six heures. D'Alger à El-Afroun, nous traversons la Mitidja, et après un parcours de soixante-dix kilomètres nous entrons dans la vallée de l'Oued-Djer, que nous remontons jusqu'à Bou-Medfa.

C'est une région montagneuse, très accidentée, aux mamelons réguliers. La vallée que sillonne l'Oued-Djer, mince filet d'eau qui va se réunir à l'Oued-Chiffa pour former le Mazafran, est étroite et encaissée entre des collines escarpées, couvertes de broussailles. C'est un pays pauvre, et qu'on croirait abandonné si on ne rencontrait de temps en temps quelque parcelle cultivée, ou si on ne voyait quelque Arabe conduisant une troupe de bourriquots, ou quelques chameliers faisant reposer leurs bêtes fatiguées. Le ruisseau, qui devient en hiver un torrent redoutable, coule sans bruit entre les oliviers et les lauriers-roses.

En approchant de Bou-Medfa, on aperçoit au flanc des coteaux, à côté de quelques champs de blé, des gourbis et des huttes de charbonniers. Ce n'est plus la riche plaine aux abondantes moissons, la mer de verdure qui réjouit les yeux ; c'est cependant un sol fertile, où la vigne prendrait bientôt la place des pins et des lentisques, si les bras ne manquaient pas. Donnez des colons à l'Algérie, elle vous rendra au centuple ce que vous lui aurez prêté.

On descend de wagon à Bou-Medfa, à quatre-vingt-onze kilomètres d'Alger. Il nous reste trois lieues à faire pour arriver à Hammam-R'irha. Le voiturier qui fait le service de la station thermale, M. Messin, un Franc-Comtois devenu Africain, a mis en réquisition tous les véhicules de la contrée. Calèches, tilburys, jardinières, chars à bancs, sont à notre disposition. Nous laissons les voitures fermées aux dames et aux frileux, et nous nous casons comme nous pouvons. Pour moi, qui aime à voir le pays, je monte sur le siège d'un break, après avoir eu soin d'endosser mon pardessus, car l'air est vif dans la vallée de l'Oued-Hammam.

Après avoir fait environ six kilomètres en plaine, à travers des fourrés épais que dominent de loin en loin des chênes ou des trembles, on gravit la montagne, où jaillissent les sources bienfaisantes, où s'élève l'hôtel des Bains. Rien de plus insipide que cette marche au pas, cette lente montée des chevaux par les nombreux lacets du chemin. Aussi beaucoup d'entre nous descendent de voiture et achèvent la route à pied en escaladant les sentiers abrupts qui mènent à Hammam-R'irha. Le trajet est plus pénible, mais il est plus court, et nous arrivons au sommet avant les attelages plus ou moins fringants qui traînent le reste de la caravane.

Nous sommes bientôt tous réunis. Le concessionnaire des eaux thermales, M. Arlès-Dufour, nous reçoit et nous souhaite la bienvenue. En attendant l'heure du déjeuner, nous parcourons l'établissement.

Les sources d'Hammam-R'irha sont connues et fréquentées depuis la plus haute antiquité. Les Romains y avaient construit une véritable ville, dont on trouve des traces à chaque pas : statues, pièces de monnaie, tronçons de colonnes, lampes funéraires. Les invasions des barbares et les tremblements de terre ont ruiné cette cité, mais on ne saurait en contester l'existence.

Les indigènes usaient largement de ces eaux. L'autorité militaire, voulant les utiliser, y fit bâtir un hôpital, avec trois piscines dont la température constante est de quarante-trois à quarante-cinq degrés. Les officiers et les fonctionnaires algériens en retirèrent de si grands avantages, qu'on aménagea pour les Arabes et les Israélites une autre source chaude, également à quarante-cinq degrés.

« On construisit pour eux — dit M. le docteur Renard — une sorte de caravansérail où les baigneurs avaient deux grandes piscines à leur disposition, et quelques petites chambres dans lesquelles ils pouvaient se reposer et passer la nuit. Cette installation primitive et sans aucune espèce de confort ne permettait pas à la population algérienne et surtout à la partie féminine de faire usage des bains. Le contact avec les Arabes n'avait rien d'engageant, et, si quelques personnes forcées par la maladie se décidaient à passer deux ou trois jours à Hammam-R'irha, aucune n'aurait consenti à faire une saison de trente jours dans ces conditions. »

Malgré de nombreuses réclamations, les choses restèrent en cet état jusqu'en 1877. Le gouvernement général conclut à cette époque avec

M. Arlès-Dufour un traité dont voici les principales clauses : M. Arlès-Dufour devint propriétaire pour quatre-vingt-dix-neuf ans de toutes les sources thermales et minérales d'Hammam-R'irha, à l'exception de celles qui sont affectées au service de l'hôpital militaire; mais il s'engagea à ouvrir dans un délai de trois ans un hôpital civil pour les colons indigents et à réserver un certain nombre de piscines pour les Arabes et les Israélites. La source ferrugineuse froide resta la propriété de l'État.

L'hôtel actuel, situé près de l'hôpital militaire, est destiné à devenir l'hôpital civil, dès que le grand édifice actuellement en construction sera terminé. C'est un bâtiment élégant. Il contient une quarantaine de chambres, une salle à manger de soixante couverts, des salons, deux grandes piscines et tout le matériel nécessaire aux traitements par l'hydrothérapie. En bas, des pavillons dans le style arabe, en forme de koubbas, abritent les piscines affectées aux indigènes, qui y viennent en famille et comme en partie de plaisir. De beaux jardins bien entretenus, de riants vergers qu'arrosent des eaux abondantes, entourent et encadrent l'hôtel.

Mais tout à coup la cloche sonne. Nous nous rendons à son appel, et un menu des plus attrayants est offert à notre appétit, aiguisé par l'air de la montagne. De la salle à manger, « faite à souhait pour le plaisir des yeux », et dont tout un côté est formé par de larges baies vitrées, on jouit d'un paysage ravissant sur la vallée de l'Oued-Hammam, sur la route aux nombreux contours que gravissent péniblement des caravanes de baigneurs arabes, sur le village de Vesoul-Bénian, qu'on aperçoit distinctement au sommet de la colline opposée.

Fondé en 1852, ce village servit d'abord de lieu de détention à des transportés politiques; mais à la fin de l'année suivante on y établit plusieurs familles de cultivateurs franc-comtois, qui lui donnèrent le nom de Vesoul, en souvenir de la patrie. Par leur activité, leur esprit d'ordre et d'économie, leur union fraternelle, leur zèle à s'entr'aider, ces braves et honnêtes travailleurs ont accompli une œuvre méritoire et digne d'être proposée en exemple. Conservant avec un soin pieux la langue et les coutumes du pays natal, ils ont transformé les terres incultes qui leur ont été concédées; et de vastes champs de céréales, de nombreuses et vigoureuses vignes, couvrent aujourd'hui ce contrefort du Zaccar. En 1871, Vesoul-Bénian a failli subir le sort de Palestro, dont tous les habitants furent massacrés. Heureusement, une tribu fidèle, celle des Ouled-ben-Salem, vint aider nos colons à résister aux R'irhas insurgés, et le village, vaillamment défendu et complètement préservé, est aujourd'hui en pleine prospérité. Tous ses habitants sont dans l'aisance ; et avec ses rues bien propres, ses maisons tenues avec soin, ses riants alentours, ce petit bourg franc-comtois, perdu au milieu des ramifications de l'Atlas, produit sur le visiteur une douce et salutaire impression.

Pourquoi nos gouvernants ne s'inspirent-ils pas de cet exemple, et ne renouvellent-ils pas une expérience consacrée par le succès ? Quand l'administration crée un centre nouveau, au lieu d'appeler des colons de tous les points de la France, elle ferait mieux de les choisir dans une seule région, dans un seul département. Ces nouveaux Algériens, n'étant pas étrangers les uns aux autres, ayant le même accent et le même idiome, habitués au même système de culture, ayant peut-être les mêmes goûts, ne seraient plus isolés et ne se considéreraient pas comme dépaysés.

Mais revenons à Hammam-R'irha.

Aussitôt après le déjeuner, nous allons visiter le grand hôtel en construction. La façade a quatre-vingt-dix mètres de longueur. Ce sera à la fois un hôtel contenant une centaine de chambres, et un casino offrant aux baigneurs les divertissements en usage dans les stations thermales. L'ensemble est grandiose, et M. Arlès-Dufour, qui a dressé lui-même tous les plans, est justement fier de son œuvre.

De là, nous nous dirigeons vers la forêt de pins, qui, au nord-ouest d'Hammam-R'irha, couvre une étendue de huit cents hectares. Nous suivons la route forestière, et nous allons contempler le Zaccar, dont la masse blanchâtre et dénudée s'élève à près de seize cents mètres. Sur l'autre flanc de la montagne, à sept cents mètres d'altitude, s'étend, au milieu de riants ombrages et de vergers arrosés par des eaux abondantes, la coquette Miliana. Mais, vu d'Hammam-R'irha, le Zaccar n'offre rien de pittoresque et n'arrête pas longtemps nos regards. Nous faisons le tour du piton qui domine les bains, en ralentissant de temps en temps notre marche pour admirer un point de vue ou pour respirer plus à l'aise les émanations balsamiques que la brise nous apporte, et nous arrivons à une pelouse dont le gazon fin et moelleux nous invite au repos. Le coup d'œil est splendide : à nos pieds, les constructions d'Hammam-R'irha ; au delà du ravin,

Vesoul-Bénian et ses pentes verdoyantes; dans le fond de la vallée, Bou-Medfa et la ligne du chemin de fer; et enfin, se profilant au dernier plan d'une quadruple ligne de montagnes, le Djebel-Mouzaia, aux flancs ravinés, où la neige brille encore en longues lignes nacrées.

C'est avec peine que nous quittons ce site pour compléter notre excursion. Mais la journée s'avance, et il nous reste à voir, avant de partir, la ferme Mont-Rose, de belles plantations de vignes, les sources thermales. le pavillon hexagone où jaillit l'eau ferrugineuse, le nouveau village avec son église et son lavoir, et les ruines des villes qui se sont succédé, depuis la domination romaine, sur les coteaux d'Hammam-R'irha.

Certains archéologues prétendent avoir retrouvé les traces de trois cités successivement détruites. Nous n'étudierons pas cette question; mais il est incontestable qu'au temps où Cherchell était, sous le nom de *Julia Cæsarea*, la capitale de la Mauritanie Césarienne, les thermes d'Hammam-R'irha, *Aquæ Calidæ*, étaient des plus fréquentés.

De larges dalles couvertes d'inscriptions, des fûts de colonnes, des fragments de sculptures, témoignent de l'ancienne splendeur de cette station balnéaire. M. Arlès-Dufour recueille ces débris et rappelle volontiers ces souvenirs; il aime à dire ce que fut Hammam-R'irha, ce qu'elle doit être et ce qu'il espère qu'elle sera.

Il a confiance dans l'avenir; et après avoir vu ce qu'il a déjà fait, après avoir appris ce qu'il se propose de faire, nous croyons avec lui qu'il réussira dans sa patriotique entreprise et qu'il n'aura pas inutilement dépensé son activité et ses capitaux. En transformant ce coin de terre, en apportant dans cette solitude la vie et le mouvement, M. Arlès-Dufour n'a pas fait seulement une intelligente spéculation, il a fait acte de bon Français.

Nous quittons Hammam-R'irha en souhaitant heureuse chance à ce hardi pionnier; et nous désirons qu'à l'avenir, au lieu de se rendre, à grands frais et avec les fatigues et les périls d'une double traversée, dans les Pyrénées ou le Plateau central, les Algériens aillent simplement demander à leurs montagnes, si riches en air pur et en sources bienfaisantes, le repos, la fraîcheur et la santé.

XXIX

LES PROGRÈS DE L'ALGÉRIE

Si, au lieu de rappeler simplement nos souvenirs les plus précis, nous composions un guide à l'usage des personnes qui désirent visiter Alger et ses environs, nous aurions encore une longue carrière à parcourir.

Que de choses à voir et à décrire !

A l'est, du côté de Constantine et de Tunis, le cap Matifou et son embryon de lazaret ; le Fondouk et l'important barrage du Hamiz ; Palestro, qui rappelle un des plus sanglants épisodes de la dernière insurrection et qui se relève de ses ruines ; les Biban ou Portes-de-Fer, redoutable défilé que les légions romaines ne franchirent jamais, et dont nos soldats forcèrent le passage en 1839 ; et dans la Kabylie, cette Suisse algérienne aux pics inaccessibles, aux fertiles vallons, Dellys, Fort-National, le Djurjura et la magnifique route de Bougie à Sétif.

De l'autre côté, à l'ouest, dans la direction d'Oran et du Maroc, les vignobles de Guyotville ; la ferme et la Trappe de Staouéli dont la première pierre fut posée sur un lit de boulets et d'obus provenant du champ de bataille où les Français remportèrent leur première victoire ; la presqu'île de Sidi-Ferruch et les glorieux souvenirs du 14 juin 1830 ; Coléa la Sainte, avec sa koubba de Sidi-Embarek ; le Tombeau de la Chrétienne, Kbour-er-Roumia, vaste nécropole royale dont la masse imposante domine toute la Mitidja ; et plus loin, au pied du Chenoua, les anciennes villes de Tipasa et de Cherchell.

Le Tombeau de la Chrétienne est admirablement placé sur une crête du Sahel. « C'est un édifice rond, de trente mètres de hauteur, dont le soubassement carré a soixante-trois mètres sur chaque face. Le périmètre de la base du monument est orné, sur tout son développement, d'une colonnade de soixante demi-colonnes engagées, de l'ordre ionique, divisée en quatre parties égales par quatre portes, répondant à peu près aux quatre points cardinaux, et d'une hauteur chacune de six mètres vingt centimètres. Au-dessus commence une série de trente-trois degrés, hauts chacun de cinquante-huit centimètres, qui, en rétrécissant graduellement leur plan circulaire, donnent au mausolée l'apparence d'un cône tronqué [1]. »

Ce monument est assez bien conservé, malgré les dévastations qui y ont été commises par les Arabes. Un pacha d'Alger, croyant y trouver d'immenses trésors, en fit démolir un côté à coups de canon. Il est à désirer que la France, jalouse de ses richesses archéologiques, rende sa splendeur primitive à cette nécropole, qui se dresse sur la montagne depuis plus de dix-huit siècles, pour attester la puissance d'une civilisation disparue.

Le Tombeau de la Chrétienne est un durable souvenir du passé ; la ferme de Staouéli est une promesse sérieuse pour l'avenir. Les trappistes ont transformé les terres incultes qui leur furent données au lendemain de la conquête. C'est peut-être l'établissement le plus complet de l'Algérie. Trois cents hectares de vignes, quinze de géranium, cinq cents de cultures diverses, de magnifiques plantations, des moulins, des ateliers, trois ou quatre cents ruches, de nombreux troupeaux, constituent un domaine des plus riches et des mieux entretenus. Les vins de Staouéli ont obtenu à l'Exposition universelle de 1878 une médaille d'or. L'étranger qui visite la Trappe y est reçu avec la plus cordiale hospitalité. Les pères sont heureux de faire parcourir le vaste territoire qu'ils ont conquis sur les broussailles et les palmiers nains, et de montrer par leur exemple quels résultats on peut obtenir avec de l'activité et de l'énergie.

Le congrès de l'Association française pour l'avancement des sciences qui s'est tenu à Alger, en 1881, a mis en relief les ressources et les beautés de notre grande colonie ; et de notre côté, dans ces impressions sincères et recueillies au jour le jour, nous croyons en avoir dit assez, dans la mesure de nos faibles forces, pour prouver que cette nouvelle France, comme on se plaît à l'appeler, offre aux voyageurs, aux historiens, aux économistes,

---

1. Piesse, *Itinéraire de l'Algérie*.

un ample champ d'agréables excursions, de curieuses études, de questions sociales à traiter.

Il nous reste maintenant à examiner les progrès qui s'y sont accomplis et l'avenir qui lui est réservé.

Pour être la plus florissante de nos colonies, il ne manque à l'Algérie qu'une chose : des colons. La sécurité y est à peu près complète ; et on n'aura plus d'insurrection à redouter le jour où le réseau des chemins de fer, qui comprend déjà plus de deux mille trois cents kilomètres en exploitation, sera terminé et où des troupes pourront être sans peine transportées sur tous les points du pays.

Les relations avec la mère patrie sont nombreuses et faciles. Trente heures suffisent pour aller de Marseille à Alger ; celui qui écrit ces lignes en a fait personnellement l'expérience ; et l'Algérie sera vraiment le prolongement de la France dès qu'un service journalier de paquebots à grande vitesse sera établi, comme on le demande, entre le grand port phocéen et la capitale algérienne.

L'instruction à tous les degrés y est largement développée. Une presse ardente et généreuse, qui gagnerait quelquefois à être moins agressive, qui pourrait avoir moins recours aux personnalités, y étudie avec talent les besoins du pays. Les lettres et les arts y sont en honneur ; et les peintres et les poètes sont attirés par ce beau ciel, ces lointains horizons, cette éclatante lumière, cette nature si riche, si féconde et si variée.

Avec les livres qu'on a écrits sur l'Algérie on pourrait former une vaste bibliothèque ; avec les tableaux qu'elle a inspirés on peuplerait un musée.

Et cependant ce beau pays n'est pas encore bien connu ; il a toujours ses détracteurs et ses ennemis, et beaucoup de gens ajoutent foi à d'anciens et fâcheux préjugés. Il en est qui prétendent, en s'appuyant sur des déclarations médicales remontant à vingt ou trente ans, que l'acclimatement dans l'Afrique du Nord est difficile pour les Européens, presque impossible pour les Français.

Quoique exagérée, cette opinion pouvait se défendre en 1850, alors que la culture était peu développée, que les marais n'étaient pas desséchés, que les émanations telluriques empoisonnaient les colons fouillant de leur pioche ou de leur charrue un sol abandonné depuis des siècles, et ouvrant une issue aux miasmes délétères qui s'y étaient accumulés. La Mitidja, dont la salubrité est aujourd'hui hors de doute, était jadis un foyer pestilentiel ; et nous avons déjà raconté comment Boufarik, avant d'être la ville charmante qu'on admire, était à juste titre la terreur, non seulement des Européens, mais encore des indigènes. Entre la fièvre et l'homme, la lutte a été longue, souvent mortelle ; mais l'homme a fini par triompher.

Au lieu de décroître, la population augmente dans de sensibles proportions. On trouve maintenant en Algérie près de cinq cent mille habitants d'origine européenne, et la moitié au moins appartenant à la race française. Dans les trois dernières années, on a constaté pour cette population 44,203 naissances et 37,924 décès. Le chiffre des naissances est supérieur de 6,279 à celui des décès : preuve évidente de l'innocuité du climat. Un autre fait important a été relevé. Dans cette même période, de 1882 à 1885, la population rurale européenne s'est accrue de 24,109 âmes, soit 8,000 par an en moyenne. C'est beaucoup, mais ce n'est pas encore assez, et le gouvernement devrait s'appliquer à diriger sur l'Algérie ce courant qui emporte vers l'Amérique des émigrants sobres, laborieux, endurcis à la fatigue, comme les montagnards des Pyrénées et surtout des provinces basques.

C'est en multipliant les colons et les villages qu'on pourra tirer parti des ressources de l'Afrique française. Elle était autrefois le grenier de Rome, elle peut devenir le grenier et le cellier de la France. Elle produit plus de céréales qu'il n'en faut à sa consommation, puisqu'elle en exporte déjà trois millions d'hectolitres ; et sans parler de l'alfa, de l'olivier, des palmiers, de toutes les cultures qui peuvent devenir florissantes sur cette terre féconde, nous allons nous occuper plus particulièrement de la vigne.

Il y a dix ans, l'Algérie possédait environ quinze mille hectares de vignes, elle en a actuellement plus de soixante-dix mille. Et en évaluant, ce qui est loin d'être exagéré, le rendement moyen à trente hectolitres par hectare, on arrive déjà à un chiffre respectable. Nos viticulteurs du Centre et du Midi, que le phylloxera a ruinés, feraient bien de transporter dans cette colonie leurs procédés de culture et de fabrication. Ils reconstitueraient promptement leur fortune ; et bien préparés et bien soignés, les vins algériens, dont on a trop médit, pourraient rivaliser dans quelque temps avec les crus d'Espagne et de Sicile.

Le commerce d'exportation et d'importation a pris des proportions considérables ; le mouvement maritime va toujours en augmentant, et nous ne saurions mieux compléter et terminer notre rapide étude qu'en citant cet important passage du discours que M. Tirman, gouverneur général, adressait récemment au conseil supérieur de la colonie :

« A partir du 1er janvier prochain, les produits perçus en Algérie au profit du Trésor atteindront et dépasseront même la totalité des dépenses civiles incombant à l'État. Je dis les dépenses *civiles,* car il est évident qu'on ne doit pas faire entrer en ligne de compte les dépenses de l'administration de la guerre.

« Pour l'armée, l'Algérie est un immense champ de manœuvre où, depuis la conquête, se forment ces troupes vaillantes qui sont toujours à l'avant-garde lorsqu'il y a à défendre le sol de la patrie ou l'honneur du drapeau. La présence d'une armée nombreuse dans la colonie répond donc, avant tout, à un intérêt national.

« En somme, le total des crédits alloués, pour 1886, aux services algériens, y compris les services les plus anciennement rattachés, n'atteint pas 39 millions. Les prévisions de recettes, prévisions qui seront dépassées, comme toujours, s'élevant à 39,119,203 francs, nous pouvons dire dès à présent que l'Algérie produit plus qu'elle ne coûte. »

Il y a trente ans environ, le directeur du *Journal des Économistes,* M. de Molinari, écrivait dans un Dictionnaire d'économie politique, au mot *Colonisation* : « Le gouvernement français a eu, comme on le sait, la malheureuse idée de conquérir et de coloniser l'Algérie. » Et dans un livre qu'il vient de publier, M. Yves-Guyot affirme qu'aucune des colonies de la France n'a une valeur réelle, et que l'Algérie elle-même ne peut vivre qu'à la condition de faire garder chaque colon par deux soldats.

Le discours de M. Tirman est la meilleure réponse à ces exagérations. Les amis de l'Algérie n'ont pas à avoir d'inquiétude ; son avenir est assuré, et désormais elle se suffira à elle-même.

D'ailleurs, si elle a des détracteurs passionnés, elle a aussi des admirateurs enthousiastes.

« L'Algérie n'est qu'un embryon, — dit Onésime Reclus dans un livre devenu classique, bien qu'il soit une œuvre de poésie autant qu'une œuvre de science ; — à son plein développement naturel, elle aura dans ses limites la Tunisie, le Maroc, Tripoli peut-être. Elle sera devenue l'Afrique du Nord ou l'Afrique Mineure. Si par hasard elle faillit à ce destin normal, il lui restera d'être « le portique d'un monde nouveau », l'avenue menant des palais de Marseille aux huttes coniques des nègres du Soudan : avenue d'abord souriante ; mais le Tell franchi, dans le Sahara, c'est un chemin

Lieutenant Palat.

soleilleux, sablonneux, pierreux, accablant, altéré, et nous ne régnons pas encore dans toutes ses oasis du pied des rocs ou du pied des dunes. Le Touat, longue allée de sources, de palmiers, de villes, de ksours ou bourgades, nous manque, non moins que le Ahaggar ou Hoggar, grand massif de montagnes ayant, dit-on, des neiges en hiver. Mais ni l'un ni l'autre ne peuvent longtemps nous échapper ; et quand nous les posséderons, l'évocation ou l'entretien des fontaines, le soin des puits, les réservoirs maçonnés, les barrages à l'étranglement des oueds, les plantations, les palmiers, les caravansérails, diminueront les souffrances du voyage au pays des Noirs. Puis viendra le chemin de fer soudanien, qui déploiera largement les horizons de ces nouvelles et dernières Indes. »

Nous souhaitons de tout notre cœur que ces patriotiques prévisions se réalisent, et que le Niger soit mis au plus tôt en relations directes avec la Méditerranée. Alger sera, ce jour-là, la future capitale d'un grand empire. Mais il faudra lutter non seulement avec la nature, le désert et le simoun, mais aussi avec les féroces peuplades qui ont assassiné le colonel Flatters et le lieutenant Palat.

En attendant, entre les attaques injustes et les panégyriques excessifs, sachons garder une juste mesure ; voyons ce qui a été fait, examinons ce qui reste à faire, et constatons avec les progrès accomplis, avec la prospérité croissante, l'attraction que l'Algérie exerce sur ceux qui la connaissent, et qui explique et justifie ces paroles d'un Algérien :

« Quand on a vu l'Algérie, on veut la revoir ; quand on l'a revue, on veut l'habiter. »

XXX

LE RETOUR

Voici le mois d'août et ses chaleurs. Le thermomètre ne marque pas plus de degrés qu'à Nice, Montpellier ou Perpignan ; mais les nuits sont toujours tièdes, le siroco nous brûle de temps en temps de son haleine embrasée, et quand il ne souffle pas, l'humidité est excessive à supporter.

Nous sommes en vacances. Nous allons en profiter pour changer d'air, et demander au pays natal, avec les joies de la famille retrouvée, une température moins accablante et quelques semaines de repos. Venus en Algérie par Marseille, nous rentrons en France par Port-Vendres. Après la Provence, le Roussillon. Nous aurons donc ainsi parcouru tout le littoral méditerranéen, et ce voyage nous offrira, avec l'attrait de la nouveauté, l'avantage d'une traversée plus courte.

Le départ a lieu à onze heures du matin. Quelques amis nous accompagnent au quai, nous leur serrons la main, nous leur disons au revoir, et, en quelques coups de rames, un canot nous transporte à bord de l'*Immaculée-Conception*. C'est le nom du navire qui doit nous ramener en France. Le *Saint-Augustin* valait mieux, et comme aspect et comme tonnage, et comme vitesse et comme confort; mais la Compagnie transatlantique a l'habitude d'affecter à la ligne de Port-Vendres, encore peu suivie et peu rémunératrice, ses plus petits bateaux, ceux qu'elle a achetés à l'ancienne Société Valéry. Si la mer est mauvaise, nous serons plus secoués. On nous a prévenus ; mais, à moins d'accident, nous ne passerons qu'une nuit à bord, et cette raison nous a décidés.

Onze heures sonnent à l'horloge de la Djama-Djedid, et pendant que le marabout appelle les croyants à la prière, le capitaine donne ses derniers ordres, le paquebot s'ébranle : nous sommes en route.

Assis à l'arrière du navire, près de la barre, le cœur partagé entre la joie de revoir la patrie et les parents, de « rajeunir aux souvenirs d'enfance », et le regret de quitter le pays du soleil, je ne puis détacher mes regards de cette ville où je viens de passer une année si bien remplie. A mesure que le bateau s'éloigne, le panorama s'étend. Je ne vois d'abord que les quais, le bâtiment de la douane, les wagons remplis de marchandises, le mélange confus des bateliers et des portefaix, et au-dessus la place du Gouvernement aux groupes animés et la Kasba aux blanches maisons. Dès que l'*Immaculée-Conception* a franchi la passe, je découvre toute la ville, de Bab-Azoun à Bab-el-Oued; et à mesure que le bateau s'éloigne, Alger, Mustapha, Saint-Eugène, s'unissent et se confondent pour ne former qu'une longue ligne au bord de la mer.

Le temps est magnifique, les eaux ne sont ridées par aucun souffle, et le paquebot s'avance rapidement, laissant derrière lui un sillage régulier.

Bientôt nous n'apercevons plus dans le lointain que la masse confuse des coteaux du Sahel.

La cité des deys a disparu. Nous lui adressons un dernier et triste adieu en nous demandant s'il nous sera donné de la revoir ; les montagnes elles-mêmes s'effacent à l'horizon ; nous voilà dans la haute mer.

Aucun incident à signaler. Bien qu'il n'y ait ni roulis ni tangage et que le navire glisse sur une surface unie, sur une mer d'huile, comme disent les Provençaux, on entend par moments des plaintes étouffées et de sourds gémissements : c'est un estomac affaibli ou délicat qui ne peut supporter la trépidation ou l'odeur fade de la machine. De loin en loin, nous faisons la rencontre d'un voilier ou d'un vapeur qui passe à quelques milles. Où va-t-il ? de quel port vient-il ? quelle est sa nationalité ? à combien peut-on évaluer son tonnage ? Ample sujet de conversations entre les passagers valides, qui lisent, causent ou se promènent. On s'évertue à « tuer le temps ». Quand la cloche tinte, vers six heures, la plupart des voyageurs se mettent à table et dînent de bon appétit. Après le thé, nous gagnons nos cabines, et nous allons essayer de dormir.

En attendant, l'*Immaculée-Conception* poursuit sa route ; elle arrive aux Baléares, s'engage entre Majorque et Minorque, et au réveil nous apercevons ces deux îles. On entrevoit à droite les maisons de Ciudadela, mais Minorque disparaît bientôt, et le monte Toro s'évanouit dans la brume matinale. Nous longeons plus longtemps la côte de Majorque, et nous ne la perdons de vue que vers sept heures et demie.

A ce moment, la mer grossit un peu, et, comme on nous l'avait annoncé, notre navire est trop docile au mouvement des vagues. Ce n'est pas une tempête, pas même un grain ; il y a seulement un peu de houle, pas assez pour nous effrayer, mais suffisamment pour contraindre ceux qui n'ont pas le pied marin et le cœur solide à quitter le pont.

Il est d'ailleurs à remarquer que le temps change presque toujours aux Baléares.

Vers une heure, la côte d'Espagne apparaît à nos yeux. Nous la saluons avec bonheur, et le plaisir que nous éprouvons nous fait comprendre la joie que ressentent ceux qui, à la fin d'une longue et pénible navigation, après des jours d'angoisse et des nuits sans sommeil, entendent enfin le cri libérateur poussé par le matelot de vigie. Pour eux, la vue des montagnes lointaines est le terme des périls et des souffrances ; pour nous, c'est l'espérance d'un prompt retour sur la terre promise de la patrie.

Nous rencontrons quelques barques de pêcheurs ; la mer s'apaise à mesure que nous nous rapprochons du rivage de la Catalogne, et des bandes de marsouins viennent s'ébattre joyeusement autour du navire.

Au loin, dans les vapeurs grises, on entrevoit le Canigou. Nous voici près des côtes. Nous dépassons successivement le cap Saint-Sébastien, le golfe tranquille où se mire la ville de Rosas, le cap de Creus aux roches arides ; nous distinguons les villages espagnols, tantôt perchés sur une crête, tantôt couchés dans une anse, et les phares des promontoires, et les vieilles tours couronnant les collines, d'où le guetteur annonçait jadis l'arrivée des ennemis ou les incursions des pirates, et d'où le douanier surveille aujourd'hui les flots.

Voilà les Pyrénées, voilà la France ! Nous tressaillons d'allégresse à la pensée que nous allons enfin, après un an d'absence, fouler de nouveau le sol sacré qui nous vit naître et où dort la cendre des aïeux.

Nous doublons le cap Cerbéra, et les monts Albères se montrent à nous, avec leurs sommets aux donjons en ruine et leurs escarpements blanchâtres et sans végétation, qui les font ressembler, sous les feux du soleil, à un paysage africain. Tout le monde est sur le pont ; de douces larmes coulent de bien des yeux, et chacun veut se réjouir du spectacle de la terre française.

Nous passons devant Banyuls, aux vignobles renommés, et nous apercevons l'escadre de la Méditerranée qui est au mouillage dans la rade de Port-Vendres. L'*Immaculée-Conception* arbore son pavillon, elle entre dans la passe et pénètre dans ce bassin vaste et sûr que la nature seule a creusé et que les Romains appelaient le port de Vénus. Une grande partie de la population se presse sur les quais pour assister au débarquement ; l'arrivée de chaque courrier d'Algérie est un événement pour la paisible Port-Vendres.

Après une série de manœuvres qui nous paraissent interminables, le bateau est enfin halé près du bord. Nous nous élançons à terre, étonnés et joyeux à la fois de ne plus voir les costumes arabes, de ne plus entendre résonner à nos oreilles le rudimentaire sabir. Nous respirons à pleine poitrine l'air natal, l'Algérie est momentanément oubliée : nous ne songeons plus qu'à la patrie.

O France, douce et chère France, quels que soient les attraits et les séductions des autres contrées, ton souvenir et ton image restent gravés au cœur de tes enfants ; ils reviennent avec bonheur sur tes rives fécondes, et tu es toujours pour eux la terre adorée et la mère bénie !

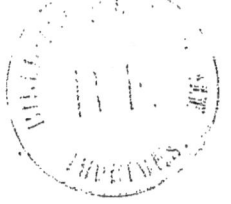

FIN

TABLE DES MATIÈRES

	Pages.
A L'Algérie...	VII
I. — Le départ...	1
II. — La traversée, le mal de mer, l'arrivée...	5
III. — Alger vu de la mer, le débarquement...	12
IV. — Premières impressions, la ville française...	17
V. — La ville arabe...	28
VI. — La place du Gouvernement...	37
VII. — Monuments religieux...	41
VIII. — Les palais du Gouvernement...	50
IX. — La maison mauresque...	56
X. — La Bibliothèque-Musée...	59
XI. — L'Exposition permanente...	63
XII. — Les Berbères...	70
XIII. — Les Arabes...	78
XIV. — Maures, Coulouglis et Nègres...	93
XV. — Les Juifs et les Juives...	99
XVI. — La population européenne...	105
XVII. — Le climat...	111
XVIII. — Cafés et bains maures...	123
XIX. — Alger ville d'hiver...	128
XX. — L'administration algérienne...	133
XXI. — La justice en Algérie...	138

TABLE DES MATIÈRES

	Pages.
XXII. — L'escadre à Alger	143
XXIII. — L'instruction en Algérie	147
XXIV. — Le Jardin d'essai	152
XXV. — Le Sahel et la Mitidja	157
XXVI. — Blida, la forêt de cèdres, le marabout des Beni-Salah	166
XXVII. — La Chiffa, Médéa, le Nador	179
XXVIII. — Hammam-R'irha	187
XXIX. — Les progrès de l'Algérie	196
XXX. — Le retour	202

SOCIÉTÉ ANONYME D'IMPRIMERIE DE VILLEFRANCHE-DE-ROUERGUE
Jules Bardoux, Directeur.